もうブラック企業しか入れない

会社に殺されないための発想

GS
幻冬舎新書
328

もうブラック企業しか入れない／目次

まえがき

このところブラック企業という言葉をよく耳にします。

ブラック企業とは従業員に過酷なノルマやサービス残業を強いたり、パワーハラスメントや不当解雇といった労働法に抵触する行為が常態化している会社のことです。

学生のなかにはブラック企業を恐れるあまり、就職活動に意欲を失うケースも多いと聞きます。現在ブラック企業か、それに近い会社で悩んでいる社会人の方もいるでしょう。

新卒で就職するにしろ、いまの会社から転職するにしろ、ブラック企業は大きな問題です。このところ経済が持ちなおしたといわれるわりに、求人は増えていません。

人気の企業はとてつもない競争率だし、それ以外の大手も狭き門です。学歴偏重と新卒至上主義はあいかわらずで、いったん社会にでた若者には中小企業でさえきびしい。

既卒三年以内は新卒あつかいする会社も、増えたというものの徹底されてはいません。採用されても、なんらかのハンデがある場合も多く、中途採用に近いのが現状です。

総務省が発表した二〇一二年の就業構造基本調査では、非正規労働者の総数（推計）は二千四十二万人で、前回調査した〇七年から百五十二万人が増加、はじめて二千万人を超えました。実に雇用者全体の四割が非正規雇用というのは異常な事態です。

行き場のないひとびとを待ち受けるように、ブラック企業は増え続けています。

その理由は第一章で詳述しますが、これからの時代、どの会社も程度の差はあれブラック企業に近づいていくでしょう。世間では優良企業で通っていても、勤務の実態はすでにブラック化している会社もたくさんあります。

たとえば名だたる一流企業が「リストラ部屋」や「追いだし部屋」と呼ばれる部署を作って、社員のリストラを図っています。労働法に抵触する行為がないにせよ、いつクビにされるかわからない会社は、社員にとってブラック企業でしかありません。

幸いリストラに遭わなくても、定年まで会社が存続しているか疑問です。

企業の平均寿命は三十年といわれていますが、東京商工リサーチが調査した二〇一二年の倒産企業の平均寿命は二十三・五年です。中小企業はさらにきびしく、一説には起業から十年以内に九十パーセントが廃業するといいます。

読者のなかには、十年ほど前のテレビ番組「マネーの虎」（日本テレビ系）をご記憶の方もいらっしゃるでしょう。一般から募った参加者の事業計画を会社経営者たちが審査して、出資するかどうかを決めるという内容で、大変人気がありました。

けれども現在、審査員だった経営者の半数以上が廃業もしくは事業を縮小しています。テレビで一世を風靡《ふうび》した彼らでさえ、十年でこうも変わってしまうのですから、ふつうの会社が潰れるのも無理はありません。

会社が二十年三十年と続いたにしろ、年功序列と終身雇用制度が崩壊した現代、ほとんどの社員は転職を余儀なくされます。

そんな殺伐とした時代のなかで、非正規雇用を含めた従業員たちは会社のいいように使われて、不要になったら捨てられるしかないのでしょうか。

何年勤めても安月給で休みはなく、責任とサービス残業だけが増えていく。しかもいつリストラされるかわからない。誰しもそんな会社で働きたくはないでしょう。

といって起業する余裕はないし、すぐには転職のあてもない。我慢を続けているうちに過労やストレスが肉体と精神を蝕《むしば》んでいきます。あげくに病で倒れたり、過労死や自殺に追いこまれるケースも珍しくありません。すこしでも生活を楽にしようと思って働いているのに、会社に殺されるとは、あまりにも悲惨です。

会社がブラック化するのなら、働く側もそれに応じた変化が必要です。

わたしは現在、おもに小説を書いて生計をたてています。

つまり職業は作家です。最初の本をだしてから十三年が経ちますが、さしたる知名度はなく、華々しいベストセラーもなければ、ひとに誇れるような資産もありません。

せめて高学歴かというと高卒です。

学校での勉強はほとんどしませんでしたから、実質は中卒かそれ以下です。高校時代の成績は常に学年最下位かその次で、三年続けて進級判定会議にかけられたうえに卒業延期となって、四月に卒業するという情けない状況でした。

そういう無学な怠け者でも五十一歳の今日までどうにか働いて、なりたいと思った職業にはたいてい就くことができました。もっとも根がいいかげんな性格だけに、さほど努力をしたわけでもなく、単に運がよかったというべきでしょう。

ただ運に恵まれたにせよ、出発点が最低ですからスムーズにはいかず、日雇いのバイトから上場企業まで、さまざまな職場を転々としました。

おもだったものをあげてみると、百科事典や教材の飛びこみ営業、クラブのチーフやバーの従業員といった水商売、アンティークやアパレルの販売、グラフィックデザイナー、コピーライター、百貨店のアートディレクター、専門学校講師、そして作家です。

バイトや短期間で辞めた仕事は、正確には思いだせないほどありますし、ここで書くには適当でない職種も経験しました。学歴や中途入社のハンデがあるせいで転職の際も職場にいるときも、ふつうとはちがうアプローチをとってきました。ブラック企業を数多く渡り歩いてきたことも、なにかしら参考になるかもしれません。

とはいえ地位も名声もありませんから、いままでの人生でわたしが誇れるのは、ささやかながらも「なりたい職業に就けた」ことだけです。

ここまでお読みになって「なんだ、この程度の奴が書いた本なんか、読んでもしょうがない」と思われた方もいらっしゃるでしょう。

むろんそれは正解です。「この程度の奴にできることなら、自分にもできる」と感じていただくのが本書の主旨であって、誰もがうらやむような社会的な地位が欲しいとか、ベンチャービジネスで成功をおさめたいとか、高い志向をお持ちの方は、べつの本をお読みになったほうが賢明です。

本書はブラック企業を恐れて就職をためらっている方や、現在ブラック企業に勤めている方を対象としていますから、経営者はもちろん、いまの職場に満足されている方には無用の本です。会社の思惑に反する情報を提供したり、社員として不適切な行動を勧めたり、読者によっては眉をひそめるような内容もすくなくありません。

それでもいいとおっしゃる方は、どうぞこの先をお読みください。

ただし本書のアイデアの実践にあたっては、多大なリスクをともなう場合がありますから、あくまで慎重に願います。わたしの提案を鵜呑《うの》みにするのではなく、ひとつの意見としてとらえていただければ幸いです。

第一章 なぜブラック企業が増えるのか

成果主義がブラック企業を生む

この章では、ブラック企業が生まれる原因や、その影響について考えます。気が滅入る話が多いだけにうんざりされるかもしれませんが、本題に入る前の予備知識ということで、しばらくおつきあいください。

よほどテレビを観ない方をのぞいて、みなさんは「サザエさん」をご覧になったことがあるでしょう。磯野家が都内で一戸建てに住んでいたり、カツオが丸坊主だったり、電話が黒電話だったり、いま見ると違和感をおぼえる箇所もありますが、あのアニメで描かれている世界観や登場人物の設定は昭和の一般的な家庭です。

昔のオープニングテーマで「サザエさんのうた」という歌があって、そのなかに「うちとおんなじね」という歌詞があります。一億総中流といわれた七〇年代、あの頃はどこの家庭も、たしかにおなじような雰囲気でした。国民の経済格差はまんなかがいちばん多く、いちばん上といちばん下がすくないチョウチン型だったのです。

そのために「サザエさん」はファミリー層の共感を呼んだのですが、現在は経済の二極化が進んで、富裕層と貧困層の経済格差が拡大しています。

会社もチョウチンのまんなかにあたる中間管理職が減って、経営陣の下はヒラ社員や非正規雇用という構造に変わってきました。

かつて多くの会社は年功序列で昇進昇給し、終身雇用制度で生涯の賃金が保障されていました。けれどもグローバル化した市場競争に生き残れないという理由から、成果主義を導入する会社が増加して、いまではそれが主流を占めつつあります。

本来の成果主義とは、社員を実績に応じて評価するのが基本ですが、利益を重視するあまり、社員を酷使する口実として用いられるようになってきました。

利益の追求という点でいえば、年功序列や終身雇用はたしかに非効率的です。

勤続年数が長いというだけで給料を増やしたり、定年まで雇ったうえに退職金まで払うのは浪費に等しい。常に成果をあげている社員だけに地位や報酬を与えて、そうでない社員はどんどん辞めさせるのが効率的です。

　成果主義は業務の結果のみで人事評価をおこないますから、勤務態度がまじめだろうと勤続年数が長かろうと、実績をあげねば認められません。能力がないとみなされた社員は、ただちにリストラされます。


　成果主義を導入した会社にとって、社員は利益を生みだすための消耗品にすぎません。オフィスのパソコンや工場の機械とおなじで、古くなったら廃棄して、もっと性能のよい新品に買い替えます。長年使ったものだとか、いろんな思い出があるとか、そんな感情に流されて捨てるのをためらうのは非効率的です。

　成果主義は結果がすべてですから、まだ使える携帯電話を捨てて、スマートフォンに買い替えるように機能優先で社員を入れ替えます。

　そこでリストラの対象となるのは、いちばん人件費がかかる中高年の社員です。過去に功績があったところで、現在の評価が低ければ無意味です。左遷や出向を命じられて、最終的には会社を追われます。中小企業なら、いきなり解雇される場合もあるでしょう。

　中高年を辞めさせると、社員は若者が中心になります。若い社員は経験不足ではあるものの、給料は安くてすむし、体力があるから長時間労働に耐えられます。

もっとも若者であっても会社に残れるのは、いま実績をあげている者だけです。それ以外は辞めさせて、新人を雇います。その新人も使えるかどうかわかりませんから、採用の枠を増やして、ふるいにかけます。

毎年それを繰りかえすために大量採用が常態化して、離職率があがります。若い社員は低賃金ですから平均年収はさがりますが、会社が求める利益はさがりません。一定の成果をあげるために労働時間は増加します。

離職率が高く、平均年収が低く、労働時間が長い。この状態が慢性化して、べつのマイナス要素が加わると、会社は限りなくブラック企業に近づいていきます。

したがってブラック企業が増える背景には、成果主義の導入があるのです。

中間のないピラミッドはもろい

成果主義を導入した会社は、より高い利益を得るために人件費のかかる中高年を排除して、低賃金で雇用できる若い社員や非正規雇用を増やしていきます。

むろん若くても実績のあげられない社員はリストラしますから、中間管理職が育ちません。といって社長の下がヒラ社員では組織の体裁が整いませんし、各部門のリーダーは必要ですから、とりあえず管理職を作ります。

しかしその多くは肩書だけで報酬のともなわない「名ばかり管理職」で、会社を動かすような権限は与えません。名ばかり管理職を作ると、管理職ゆえに残業手当を払わずにすみ、経費面での節約にもなります。

管理職にそれなりの権限を持たせる場合はノルマを課して、達成できなければ減給や降格といったペナルティを与えます。名ばかり管理職なのにノルマも課すという過酷な会社も珍しくありません。

こうした会社は役職だけ見るとピラミッド型ですが、実態は二極化して経営陣とその他大勢というフラット型の組織です。

フラット型というと、いかにも平等のようで聞こえがいい。社員の声がじかに届くとか、みんなと一緒に汗を流すとか、経営者もきれいごとをいいます。しかしフラットなのは末端だけで社長は雲の上ですから、正確には中間のないピラミッドです。

中間のないピラミッドは物理的には存在し得ないのに、組織としては実在する。たとえるなら経営者が神で、末端が人間でしょうか。そうした会社では神のひと声で大勢の人間たちが動くわけですが、神が判断を誤ったら経営は大きく傾きます。ましてや神が行方をくらまそうものなら、一巻の終わりです。

ピラミッドはたちまち崩壊し、社員は路頭に迷います。ピラミッドを建てなおそうにも、中間がないだけに作業は極めて困難です。神を失った社員たちは、旧約聖書の出エジプト記さながら、格差社会の荒野をさまようしかないのです。

成果主義の権化《ごんげ》であるアメリカで、そうした事例はいくつも起きています。

世界的な大企業だったエンロンやワールドコムが破綻したのは、経営陣による巨額の粉飾決算が明るみにでたのがきっかけでした。

大手投資銀行のリーマンブラザーズが、アメリカ史上最大の倒産劇で世界経済を揺るがしたのは二〇〇八年です。

リーマンブラザーズの元CEO、リチャード・ファルドは十四年にわたってトップに君臨し、その間に五百十億円もの所得を得ていました。にもかかわらず、破産申請の直前に自社株を売り抜けて、いち早く姿を消しました。

この三社の倒産で、社員やその家族はもちろん、世界中のひとびとが莫大な被害をこうむったのはいうまでもありません。

米疾病対策センター（CDC）は、二〇一〇年までの十年間で、三十五歳から六十五歳までの自殺率が二十八パーセント増加したと発表しました。背景にはリーマン・ショックによる経済危機があったとみられますが、強欲な経営者のために社外の人間までが自殺に追いこまれるとは、はた迷惑な話です。

トップに経営を依存する成果主義とちがって、年功序列型の組織はピラミッドの実体があるから堅固です。てっぺんが崩れ落ちても、それを補うだけの人材がいます。

第二次世界大戦後、連合国軍総司令部（GHQ）は民主化政策の一環として、財閥解体と公職追放をおこないました。その結果、財閥系企業や有力企業の経営陣がいっせいに会社を追われ、かわりに中間管理職がそのポストに就きました。

それまでは一社員でしかなかった人物が社長や重役に就任したせいで、本人はもちろん周囲もとまどい、はたから見ると滑稽に映りました。

そうした戦後サラリーマンの姿をユーモアに富んだ筆致で描いた源氏鶏太さんの小説「三等重役」はベストセラーとなりました。三等とは旧国鉄の客車になぞらえて、一等でも二等でもない最下級を意味し、当時の流行語にもなりました。

しかし三等と揶揄《やゆ》されようと、彼ら「三等重役」が戦後の混乱のなかで、多くの企業を支えたのは事実です。トップがいなくなっても、ピラミッドのまんなかがあったから会社は維持できたのです。

会社の存続を考えれば、そういう人材を育成することが不可欠ですが、成果主義では中間層を作りにくいだけに、先がどうなるかも経営者しだいです。

成果主義の会社がすべてブラック企業とはいえません。けれどもトップの暴走が社員や社会に多大な影響をおよぼすというリスクがあるのはたしかです。

消費者の欲求が企業をブラック化させる

どんな会社でも社員が実績をあげるためには、専門的な知識や技術を身につけ、部下や取引先との人間関係を作っていかねばなりません。

ところがＩＴをはじめ先端技術の発達によって、専門性が求められる職場は減少しています。その原因のひとつが市場のコモディティ化です。

コモディティ化とは商品の品質が向上した結果、どのブランドを買っても大差がない状態——価値や機能が均質化することです。

どのブランドを買ってもおなじなら、消費者は安くて手軽に買えるものを選びます。すこしでも他社と差をつけたいブランドは大量生産で価格をさげ、店舗の全国展開やネット通販で手軽に買えるようにします。

しかしライバル会社もそれに対抗して同様の戦略をとってきますから、最後は安売り合戦をするしかない。コモディティ化の代表的な例としては、パソコンや家電製品があげられます。一見ブランドに差がありそうな外食産業もその傾向が激しく、牛丼や居酒屋チェーンは低価格競争でしのぎを削っています。

商品がどんどん安くなるのは消費者にとってありがたいですが、いいことばかりではありません。商品の原材料や加工、流通や店舗にかかるコストはさげるにも限界があります。さらになにかを削るとしたら人件費しかないのです。

人件費を減らすには、社員の技術や能力に頼らない業務運営が必要です。

そこで会社は新入社員でも即戦力となるよう、業務をマニュアル化します。業務がマニュアル化できれば、誰がやってもおなじ結果が得られるから、歳ばかり食って人件費のかかる中高年の社員は不要です。

そういう会社では、人間もコモディティ化しています。

マニュアルどおりにやれば誰がやっても大差ない仕事なら、かわりはいくらでもいるわけですから、社員である必要もない。派遣社員やパートといった非正規雇用なら、正社員より人件費ははるかに安いし、会社の都合でいつでも解雇できます。

人間がコモディティ化した会社では、従業員の管理もマニュアルどおりで、どれだけがんばっても大幅な昇給や昇進は望めません。しかしそう思われると従業員の意欲が低下しますから、接客や営業のコンテストを開いたり、技能のすぐれた者に称号を与えたりして、やる気をださせようとします。

あるいはバイトを正社員に抜擢《ばってき》したり、若い社員にポストを与えたりして、自分にもチャンスがあると思わせますが、会社はそれに釣られて低賃金でも我慢するのを期待しているのであって、従業員への配慮というよりは経営戦略です。

アメリカ最大の某ハンバーガーチェーンは先日、従業員に対して家計の管理を勧めるガイドブックをネット上で公開しました。

ガイドブックでは最低賃金の年収二万五千ドルでも上手にやりくりすれば、ゆとりを持って暮らせるかのように従業員の家計をシミュレートしています。

しかし一か月の出納例を見ると、副業を前提としているうえに食費や暖房費やガソリン代などが含まれておらず、最低賃金では生活できないことが露呈して、各方面から批判を浴びています。会社の思惑が裏目にでた例ですが、社員をいかに安い給料で辛抱させるかに頭を悩ませる経営陣の意図が伝わってきます。

経済の二極化と並行して、さまざまな分野でコモディティ化が進んでいます。

商品も情報も従業員さえも均質化していくなかで、差別化を図るのは質よりも量であり価格です。より多く、より安くという競争は、人件費を含むコスト削減の競争でもあります。コモディティ化はブラック企業が増える一因ではありますが、会社だけを責めるわけにはいきません。

いいものをより安く買いたいという、われわれ消費者のとめどない欲求が最大の原因です。どの会社も市場で生き残るために競争を続けた結果、商品やサービスがコモディティ化し、人件費を削るしかない状況に陥ったのです。

われわれは安くていいものを買い、生活を便利にした代償として、安定した就労やそれにともなう賃金を失ったといえます。

少々不便で物価が高くても、昔のほうがよかったと感じる方もいるでしょう。けれども、いったん便利になった生活が手放せないように、この流れは誰にも止められません。結果がどうなろうと、行き着くところまで行くしかない。

つまり、われわれ消費者の欲求が企業をブラック化させたともいえるのです。

富の寡占化は家庭をも滅ぼす

会社は誰のものか。

極めて単純な疑問ですが、即答できるひとは意外とすくないでしょう。

会社は社員のものだと思っているひともいますが、会社法上からすれば、どんな会社も出資者である株主のものです。

もっとも、わが国では「株の持ち合い」が多く、必ずしも株主のものとはいえません。

「株の持ち合い」とは、複数の会社がおたがいに株を保有することで、取引関係の強化や事業の拡大を図り、株の買い占めや経営への介入を防ぐというメリットがあります。

その反面、株主は投資収益が期待できず、株の保有比率があがらないせいで経営者側に圧力がかけられなくなります。経営者がどれだけ無能でも解任できませんし、株主総会も形骸化して、経営者側の意見ばかりが通ります。

経営者にとってはいいことずくめですが、こうなると会社は株主のものではなく、経営者のものです。会社を私物化した経営者は事業で利益をあげても、それを独り占めして社員に分配しません。いわゆる「富の寡占化」です。

ブラック企業と呼ばれる会社の経営者には、個人資産が何百億何千億とある人物がたくさんいます。彼らはしばしばマスコミに登場して、みずからの成功譚《たん》やビジネス論を語ったりしますが、ほとんどの社員は生活に困窮しています。

自分だけ大儲けして社員が貧乏でも平気なのは、よほどのケチか精神に問題があるのでしょう。金儲けの才覚はあっても、人間としては独善的で下品です。それなのに、おこぼれを期待してか権力を恐れてか、文句をいうひとは少数です。

金持だから悪で、貧乏人だから正義だというわけではありません。

誰だって金がないよりは、あるに越したことはない。自分の無能さを棚にあげて、金持をあげつらうのは妬《ねた》み嫉《そね》みです。もし自分がおなじ立場になったら、もっとあこぎな商売をするかもしれません。ただ誰しもそういう可能性があるからといって、社員に利益を還元しない態度が正当化されるわけではない。

問題なのは、そういう経営者を成功者として持ちあげる風潮です。ブラック企業の経営者は社員から糾弾されるのが当然であって、世間が賞賛する対象ではありません。

マスコミは広告の出稿を停められたくないから迎合するにしろ、庶民までがそれを認めると、金のためなら手段を選ばない拝金主義がまかり通ってしまう。ひいてはブラック企業もまっとうなビジネスとして認めざるをえません。

むろん、ほとんどの人間は金の魅力に抗えないでしょう。大金を持ったら性格が変わるかもしれないし、もっと金持になりたくて蓄財に走るかもしれない。わたしだって大金が入ったら、なにをやりだすかわかりません。

だとしても、ものには限度があります。社員を酷使して何千億もの金を独占するのは金の亡者であって、すくなくとも堅気ではない。

彼らにしてみれば、栄耀《えいよう》栄華を極めるのが人生の目的かもしれませんが、ソロモン王や秦の始皇帝には遠くおよびません。だしたくない金を小出しにしては貧乏人に頭をさげさせるか、イエスマンで固めた社員に見栄を張るのがせいぜいでしょう。

たとえ貧乏人のひがみといわれても、そんな守銭奴を尊敬の対象にしてはならない。

そうでなくては、庶民はすべて金持になり損なった大多数に堕《だ》してしまう。たいした欲を持たずにふつうに働くのが敗残者なら、庶民に尊厳はありません。

子どもは両親を敬わなくなり、家庭も崩壊するでしょう。

二〇〇一年にノーベル経済学賞を受賞したアメリカの経済学者、ジョセフ・E・スティグリッツは彼の著書「世界の99％を貧困にする経済」（楡井浩一、峯村利哉 訳・徳間書店・二〇一二年）で、次のように語っています。

「近代資本主義は複雑なゲームと化しており、少し頭が切れるくらいでは勝者になれないが、多くの場合、勝者は感心できない特性を持ち合わせている。法律をかいくぐる能力や、法律を都合よくねじ曲げる能力や、貧困者をふくむ他人の弱みにつけ込む意志や、必要とあれば〝アンフェア〟なプレーをする意志だ」

拝金主義の世の中だからこそ、庶民には金で買えない誇りが必要です。

かつての日本には、長い伝統に支えられた職人文化がありました。あらゆる職業において、職人たちは貧しくとも誇りを持って働いていました。清貧という言葉があるように、つつましく生きることが美徳でもあったのです。

ところがコモディティ化した市場は、職人の知識や技術を必要としません。

働く場所がなくなれば、誰にでもできる職種を選ぶしかない。誰にでもできる職種では誇りを持てず、仕事はただつらいだけの労働と化します。日々の糧《かて》を得るために汲々とする生活は、働く本人はもちろん家族も疲弊させます。

わたしは資本主義に賛成ですが、発展途上国の国家予算を超えるような資産を一個人が運用するのには危険を感じます。社員の貧困や過労が気にならない人物は、莫大な資産をなんに使うか知れたものではありません。

新たにブラック企業を増やすかもしれませんし、資産が国外へ流出する恐れもあります。事実、新富裕層と呼ばれるひとびとは、節税のために海外へ移住しています。莫大な資産が権力と結びつけば、政治にも影響力を持つでしょう。

米共和党の元大統領候補で億万長者のミット・ロムニーは「米国民の四十七パーセントが所得税を払っていない。政府に依存するのが当然だと思っている」と、貧困層を「たかり」呼ばわりし「彼らはオバマを支持するだろうが、なんの関心もない」という発言で物議をかもしました。

ニューズウィークの記事によれば、ロムニーの発言は「作り話」で、現役世代で所得税を払っていないのは六・九パーセントだといいます。富裕層に媚《こ》びるために貧困層を貶《おとし》めるようでは、人格を疑われても仕方ありません。

カリフォルニア大学のエマニュエル・サエズ教授が内国歳入庁（ＩＲＳ）のデータを調査したところでは、二〇一〇年のアメリカ全体の所得増加分のうち、上位一パーセントの世帯が九十三パーセントを占めるという結果がでています。

一部の富裕層による富の寡占化によって、経済格差が広がり貧困層が増大するだけではありません。その富の用途によっては、国民生活にも深刻な打撃を与えます。

若者の大半はブラック企業にしか入れない

かつて就職氷河期といわれたのは、バブル崩壊直後の一九九三年から二〇〇五年にかけての十三年間でした。その後、景気の回復とともに就職市場は売手市場に転じたものの、リーマン・ショックのあおりを受けて、買手市場に逆戻りしました。

最近は回復傾向にあって、文部科学省と厚生労働省の調査によれば、二〇一三年の大卒就職率は四月一日現在で、前年比〇・三ポイント増の九十三・九パーセント、高卒は前年比一・〇ポイント増の九十五・八パーセントです。就職率を見る限り、就職市場はそれほど低迷していないように見えます。

しかしこの数字は就職希望者から算出したもので、大卒では三割の学生が就職を希望していません。なかには大学院へ進む学生もいますが、それ以外は無職か非正規雇用を選択したのです。

就職が決まった学生にしてもスタートラインに立っただけで、職場になじめるかどうかわかりません。「七五三現象」といわれるように、就職から三年以内に中卒七割、高卒五割、大卒三割が会社を辞めるといいます。

厚生労働省が昨年はじめて発表したデータでは、二〇〇九年に大学をでて就職した四十三万人のうち、二十八・八パーセントにあたる十二万人が三年以内に辞めています。

業種別では教育、学習支援業、宿泊業、飲食サービス業が四十八パーセントと、もっとも高く、次いで生活関連サービス業、娯楽業が四十五パーセントで、離職率は半数近くにおよびます。雇用の受け皿として期待されている医療や福祉関連の業種も、四割近くが辞めています。

反対にもっとも離職率が低いのは鉱業、採石業で六パーセント、電気、ガス、水道といったライフライン産業は七パーセント、製造業は十五パーセントですから、業種によって大きな開きがあります。

この数字だけ見ても専門性の高い業種は定着率が高く、比較的スキルを要しない業種の離職率が高いことがわかります。サービス業でもクオリティを追求すれば、高いスキルが求められますが、一般的な職場では能力の差が見えづらくなります。

能力の差が曖昧だと、会社としては特定の社員を厚遇する理由がありません。全体を引きあげるにはコストが見合わない。つまり仕事がコモディティ化しているので、おのずと待遇が悪くなります。

コモディティ化した仕事では、社員本人も自分の成長を実感しにくく「いつまでこんな仕事を続けるのか」というジレンマに陥りがちです。

長時間労働のわりに昇進昇給の機会がすくないために、離職率があがります。離職率があがれば、会社は採用のハードルを低くして、社員を補充するしかありません。

次々に辞めるから次々に雇う。

会社からすれば当然の人事をやっているだけですが、社員の視点ではブラック企業に見えるでしょう。しかしそれらの会社がブラック企業だとすると、業界全体がそのカテゴリーに入ってしまいます。

ということは、そういう業種を選んだ若者にも責任があります。

長時間労働なのに給料があがらないのも、三年も経たずに退職したのも、もともと離職率の高い業種に就職したのが原因であって、なにもかも会社のせいにはできません。

けれどもブラック企業が増えたといわれるのは、そういう業種に入らざるをえない若者が増えたということでもあります。

いまの時代、有名大学の新卒者でも就職は大変です。

大学が学びの場であったのは昔の話で、学生生活の大半は就職活動に費やされます。たいして勉強もしないうちに就職ガイダンスがはじまり、わけのわからぬまま企業研究をさせられ、志望動機や自己PRを無理やり考え、意味不明な自己分析に悩み、エントリーシートを数えきれないほど書き、SPI問題集を丸暗記し、模擬面接で冷汗をかき、慣れないスーツで企業説明会やOB訪問に足を運び、履歴書を何度も書きなおし、書類選考で落とされ、インターンシップでタダ働きを強いられ、圧迫面接で頭が真っ白になり、たび重なる不採用通知に愕然《がくぜん》とします。

同級生が内定をもらったと聞くたびに焦りを感じ、最初に志望していた企業より、はるかに条件が悪くても、採用してくれればいいという心境になってきます。

　ところがそんな企業でさえ、あっさり落とされる。妥協に妥協を重ねた結果、ようやく内定をもらったのがブラック企業というのもよくある話です。

政府による経済団体への要請で二〇一六年卒の学生から就職活動の時期は後ろ倒しになり、大学三年の三月から解禁され、夏に選考がおこなわれます。

就職活動の早期化や長期化によって、学業が阻害されるのを改善するのが狙《ねら》いですが、政府の意図に反して、いまよりもきびしい状況を招く可能性があります。

就職活動の後ろ倒しは、経済団体による単なる申し合せで、違反しても罰則はありません。企業によっては無視するかもしれませんし、ルールを守るにしても採用に関する広報活動と選考時期を遅らせればいいのだから、水面下の青田買いが増えるだけです。

学生にしても就活の解禁が遅くなったからといって、勉強に励むとは思えません。がんばって勉強したところで将来の保証があるわけでもなく、就職について意識の高い学生は勝手に活動をはじめるでしょう。

　となると、すべては建前だけで、現実には早い者勝ちです。

　企業は就活セミナーやインターンシップでめぼしい学生に唾をつけるし、学生もさっさと活動して人事担当者にコネを作ります。馬鹿正直に就活の時期を守っても出遅れるだけで、なんのメリットもありません。

早めに動く企業や学生に牽引される形で、いま以上に就職活動が過酷になると予想されます。けれども大半の学生は一流企業はおろか、志望した業種にすら就けず、離職率の高い業種に入ります。前述したとおり、そういう業種はコモディティ化した仕事が多く、高いスキルを必要としません。そのせいで昇進昇給もなく、長時間労働に疲弊したあげく、三年以内にほぼ半数が辞めます。

いったん就職に失敗すると、好条件での転職は極めて困難です。ましてやこれといったスキルがなければ、またしても離職率の高い業種に入るしかない。そこで辛抱できなくなって、やっぱり退職する。

それを繰りかえすうちに会社のレベルはどんどんさがって、ますます待遇の悪い会社で働くはめになります。フリーターになっても、歳を食うばかりで出口は見つかりません。

年齢とともに正社員の道も閉ざされ、非正規雇用に甘んじるしかなくなります。そんな若者を最後に待っているのは、法に抵触するような労働条件の本格的なブラック企業です。

離職率の高い会社をブラック企業と呼ぶならば、新卒で就職した時点でブラック企業に入ったわけですが、その後も延々とスパイラルが続きます。会社側も低賃金で働く若者がいくらでもいるという状況が続く限り、待遇をあらためようとしません。
ということは、若者の大半がブラック企業に入らざるをえないのです。

ブラック企業は病と貧困を生む

ブラック企業が生まれる背景や原因について、おおまかに書いてきました。
ここでいったん整理しておくと、年功序列と終身雇用制度の崩壊、市場のグローバル化にともなう成果主義の台頭、商品やサービスのコモディティ化、会社を私物化する経営者とそれにともなう富の寡占化、長びく就職市場の低迷がブラック企業を生みだしているといえます。

さまざまな要素がからみあっているだけに、会社の責任だけを追及しても問題は解決しません。厳密な意味でのブラック企業は、労働法に抵触する行為が常態化している会社ですが、そこまでいかなくとも社員はじゅうぶんに苦しんでいます。

低賃金の長時間労働で、昇進昇給もないのに結果だけ求められる。
何年働いても転職できるようなスキルは身につかず、なんの成長も実感できない。
すなわちワーキングプアの状態で、そうした日々が果てしなく続きます。ストレスと疲労は癒されぬまま蓄積し、将来への不安が重くのしかかってきます。

そのせいで体調を崩して深刻な病気にかかってしまうことも珍しくありませんが、ブラック企業で休職を申しでるのは、辞めるのとおなじです。なんのかんのと理由をつけて自己都合で退職させられます。といって無理を続ければ、過労死が待っています。

肉体的な病だけでなく、鬱病をはじめ精神的な疾患を発病する危険もあります。最悪の場合、それらの病が引き金となって自殺する社員もいます。いわゆる「過労自殺」です。

二〇〇八年、全国的な居酒屋チェーンで、入社して二か月の女性社員が月に百四十一時間の残業を強いられたのが原因で自殺したのは記憶に新しいところです。事件は労災として認定されましたが、会社側は責任を認めていません。

二〇一〇年には、都内のステーキチェーン店の店長だった二十四歳の男性が自殺しました。男性は月に二百時間のサービス残業を強いられたうえに、休日も賞与もなく店で寝泊まりしていました。最近になってようやく過労死が認められましたが、労災の認定までに時間がかかりすぎて、被害者の迅速な救済を妨げています。

それでも労災として認定されただけましで、家族が自殺しても会社との因果関係が証明できず、泣き寝入りしているひとも多いでしょう。

内閣府が発表した二〇一三年版「自殺対策白書」によれば、二〇一二年の自殺者数は十五年ぶりに三万人を下回りました。けれども若者の自殺死亡率は上昇しており、二十代の死因の半数近くが自殺です。

自殺の原因は「勤務問題」が増加しており、二〇一二年には全世代のなかでもっとも高くなっています。それ以外でも二十代の自殺の動機は就職の失敗や進路に関する悩みなど、いずれも就職がらみなのが特徴で「就活自殺」という言葉さえ生まれています。

厚生労働省が二〇一一年に発表した「人口動態統計」では、若者の死因の第一位は自殺という調査結果がでています。

若者の死因の一位が自殺なのは、先進国で日本だけです。

この事実だけでも、わが国の若者がいかに異常な状況にあるかわかるでしょう。

仕事に限界を感じたら、早めに辞めるのが賢明ですが、それなりの収入が得られない限り、生活は苦しくなるばかりです。

転職しようにも求人はどれも似たり寄ったりで、辞めた会社と大差ありません。ふたたび長時間労働に耐えるか、プライベートを優先して非正規雇用になるか。どちらにしても貧困からは抜けだせず、時間だけがすぎていきます。

会社に勤めないで起業すればいいという意見もありますが、資本もなくノウハウもなくてはどうしようもありません。仮にそれらがあったにせよ、経営者には適性がありますから、誰にでもできるわけではない。

ほんの数年前まで、貧困に陥るのは自己責任で片づけられていました。

生活が貧しいのは怠けているせいだ。まともな会社に就職できないのは努力が足りない。まわりからそういわれて、若者たちは自分を責めていました。

しかしここまで事態が深刻になると、さすがに本人のせいとはいえなくなってきました。

安心して働ける会社に入るという、ただそれだけのことが、とてつもない難関になり、いったん就職に失敗すれば再起への道は閉ざされます。

こうした社会の状況は、しばしば「椅子取りゲーム」にたとえられます。

いくつかの椅子があって、何人かの参加者がいます。音楽が鳴りだすと、参加者は椅子のまわりをぐるぐるまわります。音楽が鳴りやんだ瞬間、椅子に座った者が勝ちで、座れなかった者は負けです。

これを就職にあてはめると、みんなおなじ椅子ではなく、優良企業、一般企業、中小企業と椅子にランクがあります。椅子の数にも差があって、優良企業はいちばん数がすくないから競争率が高く、中小企業は数が多いから競争率が低い。

どの椅子に座れるかは個人の能力によるところが大きいですが、椅子の数が決まっている以上、どこにも座れなかったのは個人のせいではありません。

いくら努力をしても数が足りないのでは、椅子に座れるはずがない。どうにか座れるのはブラック企業か非正規雇用の椅子です。その椅子から離れられない者は貧困にあえぎつつ、年齢とともにより苦しい生活を強いられます。

生活保護の受給者が急増しているのでもわかるように、就労すらできないひとびと——どこの椅子にも座れなかった層が拡大しています。そのなかには過労や職場のストレスで病気になったひとも含まれます。

こうなった原因としてあげられるのは、セーフティネットの崩壊です。

セーフティネットとは、いざというとき個人の生活を支える網で、国家と企業と家族の三つがあります。日本の場合、国家の援助に期待できないぶん、企業が終身雇用や福利厚生でそれを補っていました。けれども企業の多くが成果主義を導入して、終身雇用は撤廃され、福利厚生も形骸化しました。

頼みの綱は家族だけですが、少子化や核家族化が進み、高齢化社会に突入した現代では、どこの家庭も身内の面倒をみる余裕はなくなりました。ニートやひきこもりは、かろうじて親の援助で生活していますが、援助が途絶えた時点で社会に放りだされます。

セーフティネットの三つの網がいずれも機能しないとなれば、たった一度の失敗で貧困へ転落するのは当然です。

ここ数年ホームレスこそ減少していますが、そのぶん生活保護の受給者が増えただけで、そうした層が減ったわけではありません。日雇い生活で住居を持たず、ネットカフェや漫画喫茶で寝泊まりしたり、ファストフード店で夜を明かすひとも大勢います。

事務所や倉庫を細かく仕切って住居用に貸しだす脱法ハウスも貧困層の受け皿ですが、ずさんな防火管理や建築の違法性が問題になっています。

こうした貧困層の救済解決策として提唱されているのが、ベーシック・インカムです。ベーシック・インカムとは、国民が最低限の生活をするために必要な金を、政府が無条件で国民全員に支給するという構想です。

しかし財源の捻出や経済への影響、就労意識の低下を招くといった課題もあって、いまのところ実現の可能性は低いでしょう。仮に実現したところで、最低限の生活が保障されるだけでは、椅子取りゲームの現状はいまとおなじです。

いずれにせよ、国内だけの政策では問題の解決につながりません。

今後ますますグローバル化する市場を相手に、成果主義はスタンダードとなり、商品やサービスのコモディティ化が進みます。対外的な政策を含めた抜本的な改革をおこなわなければ、すべての会社がブラック化していきます。それが日常的になったとき、ほんのひと握りの富裕層が経済を支配する、本物の格差社会が到来するでしょう。

わたしのブラック遍歴――その❶

ブラック企業は近年増加しただけで、最近になって誕生したわけではありません。適当な呼び名がなかっただけで、そういう会社は昔からたくさんありました。

わたしが働いていたのも、いまの基準でいえば、ほとんどがブラック企業でした。わたしの職歴は行きあたりばったりで、決して自慢できるものではありませんが、昔からブラック企業はあったのだという参考に読んでいただければと思います。

まえがきに書いたとおり、わたしは高校を卒業延期になって四月に卒業しました。そんな劣等生ですから、学校も就職の世話などするはずもなく、しばらく家でごろごろしていました。両親は離婚していたので父親と同居していましたが、当時は険悪な仲だったために小遣いももらえません。

携帯もネットもパソコンもゲームもない時代とあって家にいても退屈です。

働きたくはありませんでしたが、遊ぶ金欲しさに仕事を探しはじめました。

当時は現在の「ａｎ」の前身である「日刊アルバイトニュース」が刊行されてまもない頃で、求人情報誌といえば、それしかありません。なけなしの金で「日刊アルバイトニュース」を買って、最初に面接へいったのは家の近所にあった探偵社でした。

当時は「探偵物語」というテレビドラマが流行っていて、主役の松田優作にあこがれていたので、単に探偵と名乗りたいという子どもじみた動機でした。探偵どころか面接がなんなのかもわからずに会社を訪れましたが、結果はむろん不採用です。

それからも「日刊アルバイトニュース」を眺める日々が続きました。

が、就職に関する知識がないせいで、なにがやりたいのか、なにがどういう仕事なのか、まるで見当がつきません。かろうじてわかっているのは、とにかく金が欲しいのとスーツを着る仕事をやってみたいということだけです。

しかも、わたしが応募できるのは学歴経験不問の仕事に限られます。求人誌を見る限り、それらの条件を満たしているのは営業しかありません。

むろん営業の意味も知らず、なにかを売るんだろうという漠然とした認識です。それでも何社かに履歴書を送って面接を受け、研修後に採用という通知をもらいました。

読者のなかには、そんないいかげんなやりかたで、どうして採用されたのかと不思議に思われる方もいるでしょう。しかしその会社の仕事は、成果主義の元祖というべき飛びこみ営業でしたから、応募者の大半は採用するのです。

そのかわり研修はきびしく、来る日も来る日もセールストークの練習で、七、八人いた年上の同期たちは次々に辞めました。最後まで残ったのは、わたしともうひとりだけでした。きびしい研修に耐えられたのは、辞めてもすることがなかったからです。

研修が終わって、いよいよ仕事がはじまりました。

早朝から日没まで、何十軒も個人住宅を訪ねては、主婦を相手に百科事典や幼児用の教材を売ってまわります。給料は歩合制で、売上げはそのまま金額に反映されます。

百科事典は三十三年前の当時で数十万円もしましたから、ちょっとやそっとでは売れませんが、百万円近い給料をもらっている二十代の社員が何人もいました。

その一方で、売上げの悪い社員は上司から日常的に殴られます。月に一度の営業会議では幹部に吊るしあげられ、社長がじきじきに拳をふるいます。

ほとんど押し売りなのに、クーリング・オフも受けつけません。クレームがあっても無視するか、反対に怒鳴りつけて沈黙させますから、客にとってもブラック企業です。

わたしは社内で最年少の十八歳だったせいか、売れないわりに殴られませんでしたが、はじめての職場がそんな調子だったので、会社とはこういうものかと思いました。

高校生の頃からギャンブルを通じて、アンダーグラウンドな世界に出入りしていたので、荒っぽい出来事に驚かなかったせいかもしれません。

職場は過激な体質のわりに、上司はみな親切でした。けれども遠距離通勤にくたびれたのと遊びたい盛りだったのとで、突然休んだまま辞めました。わたしに期待してくれていた上司たちには、いまでも申しわけなく思っています。

水商売の世界に入ったのは、はたちのときです。

なぜ水商売を選んだのかといえば、とにかく酒が好きだったのと、女の子にモテるだろうという浅はかな動機からです。

最初に働いた店は、クラブとスナックの中間くらいの規模で、十人くらいのホステスがいました。わたしはチーフという肩書で、いきなり調理を担当させられました。

それまで料理の経験などありませんでしたが、上司のマネージャーから無理やり教えられて、どうにか作れるようになりました。とはいえ、素人のわたしが作った焼そばだの唐揚げだのアタリメだのが二千円もするのですから、ほとんどボッタクリです。

マネージャーはボクサー崩れの凶暴な男で、

「男が休むときは、仕事を辞めるときじゃ」

意味不明の理屈を口にして、ぜんぜん休みをくれません。

料理のほかに仕入れや接客や清掃や売上げの管理までまかされて、昼の三時から朝の三時すぎまで働きました。それで帰れるかというと、マネージャーはわたしを連れて飲みにいきます。飲み代をおごってくれるのはいいのですが、三軒も四軒もはしごして、帰りはたいてい朝の九時か十時でした。

もっともマネージャーは雇われの身で、店は観光会社が経営していました。その観光会社は、わたしがいた店のほかにクラブやスナックを何軒かと、裏でゲーム喫茶や風俗店や金融業を営んでいました。

社長も当然のように凶暴で、ツケを払わない客や、売上げを持って逃亡した社員を倉庫に監禁しては、ゴルフクラブでぶん殴るような人物でした。

わたしも何度か社長のリンカーン・コンチネンタルで客の家や会社までツケの取り立てにいきましたが、こうなると自分でもなんの商売をやっているのかわかりません。

その店で働きだして一年ほど経ったある日、マネージャーが突然姿を消しました。「男が休むときは、仕事を辞めるときじゃ」と本人がいったとおりですが、いきなり辞められて店は大混乱です。仕方なく店を切り盛りしていると、後日マネージャーから連絡があって関西へ呼びだされました。

連休を利用して関西へいってみると、マネージャーはいつのまにかアンダーグラウンドな商売をやっていて、取り巻きを引き連れて豪遊していました。ちなみに、この人物とはいまでもつきあいがあります。

次に働いたバーは経営者も従業員も男性でした。女性客がメインでしたが、現在のホストクラブのように洒落《しゃれ》た感じではなく、むさ苦しい雰囲気です。

経営者の男性は人当たりこそよかったものの、いざ働いてみると朝から晩まで雀荘に入り浸って、ほとんど店にきません。

給料はまとまってもらえたためしはなく、経営者はたまたま顔をあわせたときに持っていた金を、二万とか三万とか惜しそうにくれるだけです。それが週に一度あるかどうかでしたから、月収にして十万に満たなかったでしょう。

そんな経営者ですから従業員はサボり放題で、店を開けるのはいつもわたしの役目でした。夜の七時から営業して、閉店するのはサラリーマンが出勤する時刻です。それでもしばらく勤まったのは、従業員や客と仲がよかったのと、とりあえず店にいれば、いくらでも酒が飲めたからです。

第二章　ブラック企業に入らないために

ブラック企業は求人広告でわかる

誰しもブラック企業には入りたくありません。

が、たいていは就職してから気づくものです。求人広告ではノルマも残業もないと書いてあったのに、給料は歩合制で深夜まで働いても残業代がつかない。そんな会社は珍しくありませんが、社会経験に乏しい若者にとってはショックです。

ブラック企業を恐れるあまり疑心暗鬼になって、就職をためらう若者も大勢います。

ただ会社は人間の集まりだけに相性があります。難関をくぐり抜けて一流企業に入っても、上司や同僚と性格があわなくて退職するケースはすくなくありません。

新卒での就職は一度きりのチャンスですから悩むのは当然ですが、特に目的もないのに無職のまま卒業してしまうのはもったいない。いったん就職してから会社を辞めようと、何年かフリーターですごそうと、新卒でないというハンデがつくのはおなじです。

正社員を経験できるだけでも、ひとまず就職したほうが得です。そのまま腰を落ちつけられたらいうことはないし、仕事になじめなかったとしても、社会経験を積んだことで、ほんとうにやりたいことが見えてくるかもしれません。

学生ではなく社会人の場合、就職をためらう理由はないはずです。希望する職種が決まっているなら、すぐにでも活動すべきでしょう。とはいえ、わざわざブラック企業に就職するのは、ネズミが猫カフェにいくようなものです。

事前にブラック企業とわかる会社は避けるに越したことはありませんが、下調べを怠って、うっかり就職してしまう若者もいます。有名な会社だから大丈夫だろうとか、急成長しているから稼げそうとか、憶測はあてになりません。

ブラック企業の基本的な見わけかたは、まずインターネットです。

インターネットを見ると、ブラック企業のランキングがあります。該当する会社の掲示板に寄せられた意見をまとめたようで、会社ごとの偏差値までついています。匿名のサイトだけにどこまで正確かはわからないものの、検討の材料にはなります。

就活サイトの掲示板でも、ブラック企業に関する情報交換がおこなわれています。

実際に面接へいった人物の感想や、社員や元社員とおぼしい書きこみもありますから、ある程度の信憑性《しんぴょうせい》は感じられます。むろん根拠のない誹謗《ひぼう》中傷がまじっている可能性もあるので鵜呑みにはできませんが、その会社を知るうえで目は通しておくべきでしょう。

もっともネットで情報が得られるのは大手企業ばかりで、中小企業や個人商店は職場の状況がわかりません。そういう場合、目安になるのが求人広告です。

ブラック企業は離職率が高いので、いつも求人をしています。

ネットの求人サイトや求人情報誌を長いあいだ見ていると、すぐに募集を打ち切る会社がある一方、いつまでも募集を続けている会社があります。

訪問販売で有名なある会社は、わたしが高校を卒業した三十三年前から、いまだに求人を続けていますが、そのあいだに何人の社員が辞めていったのかを考えると、空恐ろしいものがあります。こうした会社に共通している特徴は、求人広告が派手でやたらと大きく、思わず応募したくなるような好条件をうたっていることです。

大々的な求人広告をだせるくらいだから、りっぱな会社だろう。

企業について知識のない若者はそんなふうに考えがちですが、会社の実態はまったく逆で、そこまでしないと従業員が集まらないのです。

好条件もしかりで、広告に掲載されている給料がどれだけよかろうと、それは業績の高い社員の例であって、実際にはもらえない仕組みになっています。広告どおりの給料を払う会社も一部にありますが、その場合は短期間で結果をださないと解雇されます。

学歴経験不問や未経験者歓迎など応募資格のハードルが低かったり、フレックスタイム制やノルマがないという勤務の自由さを強調していたり、勤続何年で年収がいくらといった給料の具体例を書いていたりするのは、昔から危険な企業の定番です。

社員の平均年齢が若いわりに給料が高かったり、社員旅行で海外へいったのをいちいち書いていたり、わざとらしい集合写真や有名人のイメージキャラクターも要注意です。

簡単にいえば、自社の魅力をあれこれアピールしている会社ほど怪しいのです。

ハローワークに頼るな

過去に転職を繰りかえしたせいか、就職がらみの小説をいくつか書きました。

そのなかには主人公がハローワークへ通うシーンもでてきますが、わたし自身は一度も足を運んだことがありません。

したがって何度となく仕事を辞めているのに、失業給付金ももらっていません。なぜかといえば手続きが面倒だったのと、たいていは次の就職先がすぐに決まったからです。

もっともこれは自慢できる話ではなく、就職に悩んでいるならハローワークへいくべきだし、転職に時間がかかる場合は失業給付金も必要でしょう。

既卒者はもちろん新卒者であっても、ハローワークは就職の相談、企業の紹介、応募書類の添削、各種のセミナーなど就職支援を無料でおこなっています。就職市場の現状を知るために、こうしたサービスを利用するのも有効です。

ハローワークの求人は中小企業がほとんどで、大手はわずかしかありません。それも新卒者に限られますから、既卒者や転職を考える場合は、中小企業が対象になるでしょう。

ただ就職難のせいで窓口はいつも混みあっていて、地域によっては付近の道路で渋滞まで起きると聞きます。中高年が長期間にわたって就職が決まらないのが原因でもありますが、べつの理由もあります。

ハローワークに通っていた知人によれば、求人票に年齢経験不問とあっても、書類選考すら通らなかったといいます。求人はしているものの、実際には採用する気がない。すなわち「カラ求人」が多いといわれています。

二〇〇七年に雇用対策法が改正され、特定の条件がある場合をのぞいて年齢制限を設けることが禁止されました。もっともそれは募集や面接時に年齢制限をしないというだけで、雇用を義務づけているわけではありません。

したがって求人はしても、書類選考の際に年齢だけ見て落とす会社が増えます。このところニュースでは、有効求人倍率が上昇しているといいますが、こうした「カラ求人」も数字に含まれているとしたら就職難の解決にはほど遠いでしょう。

名目だけでも求人する会社は、行政機関であるハローワークに気を遣っているのかもしれません。あるいは採用に積極的ではないものの、よほどいい人材がいたら検討するという考えなのかもしれません。

いずれにしても、むだ足を踏まされた求職者にとっては迷惑なだけです。

また実際に求人している会社ならいいかというと、ブラック企業がひそんでいる可能性があります。むろんハローワークは悪質な会社を排除したいと考えています。

しかし大きな問題でも起きない限り、会社の体質まではわかりませんから、ブラック企業がまぎれこむのは防げないのです。違法行為が発覚した場合、ハローワークはその会社を指導しますが、法的な罰則はないので社員が守られる保証はありません。

そもそもハローワークで求人するのは無料のうえに、雇用の条件によっては各種の助成金が支給されます。その金が目当てとまではいかなくても、会社にとっては募集に関するリスクがありません。いつも求人している会社が利用するには恰好の条件で、いつも求人している会社といえば、なにを意味するかはおわかりでしょう。


ハローワークが就職のあっせんに努力しているのはたしかですが、いくら通っても就職できないのなら、ほかの手段を試みるべきです。

ハローワークに頼らず、自分で仕事を探したほうが会社や仕事についての知識も得られますし、就職が決まったときの達成感もあります。仕事とはみずからの意志でやるものであって、他人から押しつけられるのは苦痛なだけの労働です。

親の勧めで就職した場合、失敗したら親のせいだと思います。自分のせいではないと思うから、なんの反省もありません。親に急かされていやいや面接にいくようでは、まともな会社が見つかるはずもなく、ブラック企業に入ってしまうのです。

一から十まで自分で選んだ会社なら、たとえそれがブラック企業だったとしても、後悔はすくないでしょう。自分の会社を見る目はその程度だったと反省して、次の就職に活かせばいいのです。

「転ぶのは恥ではない、転んだままでいるのが恥なのだ」

とはドイツのことわざです。

ブラック企業は面接で見破れる

就職活動の際、志望しているのが大企業だと面接に持ちこむまでがひと苦労です。面接の回数も多く、四次面接や五次面接はふつうですが、そのぶんブラック企業である可能性は低くなります。しかし最近は就職難で応募者が多いせいか、七次面接や八次面接まである会社が増えています。なかには十二次面接という、考えられないような回数もあるようです。

そこまでいくとかえって不安ですが、まともな会社ほど社員の採用について慎重ですから、面接の回数が多いのは、それだけ適性を吟味しているということです。いったん採用すれば解雇は容易でないし、定年までのあいだ高い賃金を払い続けるのに、いいかげんな人物を雇うわけにはいきません。

むろん面接の回数だけでなく、内容も充実しています。おたがいの理解を深めるために、質問や自社の説明にも時間をかけますし、人事担当者はもちろん、他部署の社員や役員も面接に参加するのがふつうです。

ブラック企業の場合、面接の回数はすくなくなります。

もっとも面接そのものは頻繁におこなっています。離職率が高いせいで、いつも求人していますから、毎日のように面接している会社もありますが、そのぶん個人に対する面接に時間をかけていられません。

とりあえず採用して使いものになればよし、そうでなければ自分から辞めるか、辞めさせるという発想なのも、面接の回数がすくない理由です。

大手でもせいぜい二回、中小企業ならほとんど一回でしょう。もったいぶってそれ以上やることもありますが、業務や待遇についての説明が適当だったり、こちらの質問に曖昧な受け答えをしたり、理不尽な圧迫面接をしたり、大手にくらべて内容がお粗末です。

経営者をあがめるような社風も、ブラック企業の特徴です。

広告や会社案内や資料などに、やたらと経営者がでてくる会社は要注意で、会社訪問や面接の際に経営者の著書やＤＶＤを見せられたり勧められたりしたら、ブラックな度合は急上昇します。仮にブラック企業ではないとしても、その経営者を信奉する社員でなければ勤まらないといえるでしょう。

ブラック企業のかなりの割合がワンマン企業か同族企業で、トップやその一族が経営を独占しています。同族企業は社長の妻子や親戚が役員だったり、系列会社を経営していたりします。業務案内や組織図で、血縁者の割合を推測できる場合もあります。

ワンマン企業や同族企業の多くはイエスマンしか会社に残れないし、そこそこの肩書があっても実質的な権限がありません。同族企業なら昇進の限界もあります。暫定的に就職するのならともかく、腰を据えて働きたいのなら避けるのが賢明です。

会社の状況を知るには、面接の前に会社訪問をするのが理想ですが、中小企業は書類選考から面接という流れが多いので、その際に社内の雰囲気を見極めるのが重要です。

面接の前にもメールや電話のやりとりで、ある程度の感触はつかめます。

メールの文面がなれなれしいとか電話の口調がぞんざいなのは、すでに怪しい気配が漂っています。社員教育が行き届いていない証拠で、あまり期待はできません。

面接の日程が決まったら、前もって会社までいってみるのが基本です。当日、道に迷ったりしないためでもありますし、社屋を観察するだけでもかなりの情報がつかめます。

建物はきれいか汚いか、周辺は片づいているか散らかっているか、出入りする社員や業者の雰囲気はどうか。正面だけでなく会社の裏口や、駐車場に停まっている車も参考になります。表がきれいでも裏口が汚いのは掃除が雑だとわかるように、車種を見れば経営者や社員の嗜好が推測できます。

高級外車や美人秘書、豪華すぎるオフィスは、会社が潰れる兆候だと昔からいわれています。大企業ならともかく、それほど売上げのない中小企業が見栄を張っているのは、資金繰りに詰まっているせいかもしれません。

夜に会社の前を通ってみるのも、残業時間を知るうえで役立ちます。深夜まで煌々《こうこう》と明かりがついていれば、その時間まで社員が残っているわけです。

面接で会社を訪れたときは、いうまでもなく社内の様子を観察します。

受付の対応、オフィスの雰囲気、清掃や整理整頓の状態、ＩＴ機器やその他の設備の充実度。受付の対応が悪いと、それだけでテンションがさがりますが、こちらに問題があった可能性もありますので、自分の態度を考えてから判断しましょう。

オフィスに貼ってある社訓やスローガンに、威勢のいい文句がならんでいるのは体育会系の気配があります。壁面に社員の名前がならんだ棒グラフがあったら、ノルマを課される可能性が大です。

清掃は会社のモラルに関わる部分です。トイレが汚いのは来客に気を遣う余裕さえないということですから、その会社の体質がうかがえます。ウォシュレットがあればブラック企業ではないという都市伝説もありますが、それだけでは判断できません。

デスクの上が乱雑なくらいはいいとしても、オフィス全体が散らかっているのは心配です。採用されたらそれを片づけるのは、あなたかもしれません。IT機器やその他の設備が古いのは、売上げがかんばしくないか、経費を渋っているかでしょう。

見るべきところがいろいろあるなかで、いちばんのチェックポイントは社員です。社員の表情が暗いのはもちろん、身なりが貧相なのは、それだけの待遇しか与えられていないからです。社員はみな先輩ですから、入社すれば自分もそうなるし考えられます。

中小企業の面接は、社長がおこなう場合もしばしばあります。

面接の場所が社長室なら室内の様子を見ることで、社長の趣味や考えかたが判断できます。オフィスにくらべて社長室が必要以上に広いのは、ワンマン体質のあらわれだし、豪華な内装やインテリアは虚栄心の強さを示しています。

必要以上に見栄を張るのは自分を実際の姿より大きく見せたいのですから、経営の状態も割り引いて考えたほうがいいでしょう。オフィスにくらべて社長室が豪華すぎるのは、社員の立場がそれだけ低いということです。

しかしこれも相性で、どれだけ見栄っ張りな社長だろうと、自分が好きだと思えば問題はありません。社長も好いてくれるなら、なおさらいい。その会社がブラック企業かどうかより、相性を優先したほうが人間関係が円滑にいくかもしれません。

もっとも面接のときは感じがよくても、あとから豹変《ひょうへん》する人物もいますので、決断を急ぐのは禁物です。相手の性格を見極めるのが肝心ですが、社長が面接した場合、その場で採否を決定されるのも珍しくありません。

採用といわれたのに返事を渋っては、たちまち印象が悪くなります。

といって迷いを抱えて入社するのも不安ですから、ひとまず礼をいったあと、最終的な返答を延ばせばいいのです。きょう結果がでると思わなかったので、保護者や配偶者に報告するといえば、先方もだめだとはいえないでしょう。

求人していない会社こそ優良企業

ほんとうに待遇のいい会社ほど社員は辞めませんから、求人もしません。

求人広告をだすにしても、誰が応募してくるかわからない新聞や求人情報誌には載せません。せいぜい公式サイトか業界の専門誌で、わずかに告知する程度です。

「ちょっとしか求人しないいんじゃ、いつ募集してるか気づきませんよ」

わたしが専門学校で講師をしていた頃は、そんな文句をいう学生がいましたが、会社からすれば、まめに求人のチェックもしない人物には応募して欲しくないのです。

つまり求人広告の段階で応募者をふるいにかけているので、一流と呼ばれる会社ほど、そうした傾向は強まります。

もっといえば、表立って求人していない会社にこそ、条件のいい仕事があるのです。

しかし求人していないのに、どうやって応募するのか。

方法はいろいろありますが、たとえばその会社のトップと知りあいになれば、いっぺんに採用までたどり着けるかもしれません。

「そんなことといっても、どうやって知りあいになるんだ」

常識に縛られたひとは、そういうでしょう。

仕事に決まったルールはありません。ほんとうに入りたいと思う会社なら、たとえ求人していなくても、社長に直接手紙をだすなり、行きつけの店を調べて顔見知りになるなり、考えられることはなんでもやればいい。

そこまでするのは面倒だとか、怒られたらどうしようとか、行動をためらうのは、その会社に入りたい気持もその程度だということです。

履歴書ひとつとっても、ただ郵送するだけの学生がほとんどです。これから書類選考をしてもらうのに、なぜ手紙のひとつもつけないのでしょう。

先方は役所ではなく、自分がこれから働こうとしている会社です。ただ履歴書を送りつけるのではなく、ひとことくらい添えるのが社会人としてのマナーです。

ちょっとした便せんに、はじめましてのあいさつと、お手数をおかけしますがよろしくお願いしますと書くだけで人事担当者の印象が変わります。なぜ変わるかといえば、そのくらいのことさえ誰もやらないからです。

履歴書を受けとる側の立場で考えない。つまり想像力の欠如ですが、もうすこし想像力を働かせれば、履歴書に同封するのは手紙だけでは足りないとわかります。

もしあなたが学生で不採用になったとすると、履歴書を返送するには切手と封筒が必要です。人事担当者はそれを用意したうえに、あなたの住所氏名も書かねばなりません。切手と封筒代は会社の金とはいえ無料ではないし、字を書く手間もかかります。

だとすれば返信用の封筒に切手を貼って、あなたの住所を書いたものを履歴書に同封すれば、会社は金を使わずにすみ、人事担当者の手間も省けます。

講師をしていた頃、授業の際にこうした話をすると、

「手紙とか封筒とか勝手に送っていいんですか」

そんな質問が何人かの学生からかえってきました。

わたしは即座に、勝手に手紙や返信用の封筒を送ってはいけない、と応募要項に書いてあるのかと学生に訊きました。勝手に送ってきたから不採用というなら、そんな融通のきかない会社に入らないほうがいいと答えました。

こういう学生たちは常識に縛られている典型です。まずなにかをやってみようではなく、なにをしたらいけないかという発想になるのは、学校教育の弊害だと思います。

このへんの考えかたについては、五年前に上梓した「自分に適した仕事がないと思ったら読む本――落ちこぼれの就職・転職術」（幻冬舎新書）で書きましたから、くわしくは触れませんが、就職活動をはじめたときから、すでに仕事ははじまっています。

志望する企業に入りたいのなら創意工夫が必要なように、ブラック企業を避けるためには自分なりのリサーチをすべきです。

会社訪問や面接の際に社内の雰囲気をチェックしたり、経営者や社員の話を聞くのは当然として、取引先を調べてそこから会社の情報を得る。出入りの業者やアルバイト、近所の店で会社の評判を聞くことだってできます。

いくらブラック企業が増えているといっても、通行人を拉致《らち》して社員にするわけではありません。その会社を選んだのは、あくまで自分です。下調べを面倒がってブラック企業に入ったのなら、本人の責任も大きいでしょう。

自分のせいだと考えれば、いくぶん気持が楽になるはずで、他人のせいだと思うから腹がたちます。自己責任というのは押しつけられると不快ですが、みずから自分の責任だと思うぶんにはポジティブな言葉です。

会社の良し悪しを問わず、すべて自分の判断で行動する。それが就職活動でストレスを溜めない秘訣です。

おやじが遊んでいる会社は健全である

現代はスリムであることが美しさの必要条件とされています。

健康やダイエットが国民の義務のようにいわれて久しいですが、会社も贅肉《ぜいにく》を削《そ》ぎ落とすのに熱心で、あらゆるむだを省こうとします。

人件費もコストととらえる会社では、むだな存在とみなされた社員はリストラの対象になります。資本主義経済において、会社の目的は利潤の最大化ですから当然といえば当然ですが、社員をクビにしてまでむだを省いて、その果てになにがあるのでしょう。

経営者は富の寡占によって資産を貯えていく一方で、組織はスリムを通り越して脆弱《ぜいじゃく》になります。脆弱になった組織は、結果として経営者の首を絞めるのですが、そこへ至るまでに、おびただしい数の社員が犠牲になります。

金銭のみで物事の価値をはかるなら、社員の生活などむだの最たるもので、コストにすら入りません。しぶしぶ給料を与えているのは、この先も働かせて利益を得るためであって、社員の生活を思ってのことではありません。

養鶏場のニワトリが卵を産まなくなったら、廃鶏《はいけい》として食肉に加工されますが、利益を生まなくなった社員は会社というケージから放りだされます。

それはもはや人間と人間ではなく、生産者と家畜の関係です。

それが現代の企業のありかただとしても、家畜にだって感情はあります。リストラされた社員にとっては、そんな会社こそむだな存在です。

そもそも、われわれの人生こそがむだといえばむだです。むだだと思っていないのは本人とその周辺だけで、百年も経てば誰もおぼえていません。

われわれだって、ほとんどが百年前の先祖を知りません。繁殖して代々続く程度のことなら、植物や昆虫でも何億年来やっています。エコだの環境保護だのといった観点からすれば、地球にとって人類こそむだな存在です。われわれはむだのなかに生きているわけで、そこに意味や価値を見いだしているにすぎません。どうせすべてがむだならば、会社にとって必要なむだもあるのではないでしょうか。

たとえば中高年の社員は、真っ先にリストラの対象になります。

人件費がかさむのがおもな理由ですが、それ以外にもリスクがあります。中高年の社員がたくさんいると、稟議書《りんぎしょ》ひとつまわすのにも時間がかかるし、意見の食いちがいや伝達ミスで支障をきたします。

そういう問題がなくても、年配の社員は口うるさくなりがちです。上司や経営者と意見が衝突するし、部下にあれこれ吹きこんで社内に悪影響を与えるかもしれません。

長年勤めているだけに、会社の裏表を知りつくしている社員もいます。経営者にとってそんな社員は煙たい存在ですから、機会をうかがってリストラします。

中高年がむだな存在とされるのは、これらのリスクがあるからです。けれども会社にとって、ほんとうに中高年はむだなのでしょうか。

わたしが勤めていた百貨店は繁忙期になると、ひと月の残業が二百時間を超えるような会社でした。しかも残業代はごく一部しかつかず、大半はサービス残業です。そんな会社でも名前は通っていましたから、わたし以外の社員はみな高学歴で、有名大学の出身者ばかりでした。

わたしがいた部署は広告部だったので、取引先の新聞社や広告代理店へいく機会が何度もありました。

こちらは広告を出稿するクライアントの立場ですから、新聞社や広告代理店に接待される側ですが、相手が一流企業だと違和感をおぼえます。

自分の何倍も年収がある相手にぺこぺこされるのは妙な感じだし、社内の雰囲気がまったくちがいます。わたしの職場はいつも尻に火がついたように社員が駆けずりまわっているのに、取引先はのんびりした空気に包まれています。

ある広告代理店に上司とふたりで顔をだすと、

「それじゃ、ちょっといきますか」

部課長たちは、決まって盃をあおる手つきをします。

打合せもそこそこに、陽が高いうちから酒になります。先方はそのまま帰宅しますが、われわれは会社にもどって、ふたたび仕事です。

その広告代理店に限らず当時の大手企業には、遊んでいるようにしか見えない中高年の社員がたくさんいました。社内で訊いてみると、実際にあまり仕事はしていないといいます。しかしそう答えた社員たちは苦笑まじりで、怒っている様子はありません。

わたしが三十代前半の頃ですから、すでにバブルは崩壊していましたが、会社によってはそれほどおおらかだったのです。

むろんいまとは経済の状況がちがいますから、単純に比較はできません。けれども中高年がのんびりしているのは、会社にゆとりがある証拠です。

いまは若い社員たちも、やがては中高年になるのです。

中高年になっても、若者と肩をならべて馬車馬のように働かねばならないのでは、歳をとったぶん負担が大きいだけで、長年会社に尽くしてきた甲斐がありません。

単に歳をとったから楽をするというのではなく、中高年には中高年の働きかたや、中高年だからできる仕事があるはずです。会社もそれを理解して、一見遊んでいるようにしか見えない中高年を雇用していたのです。

若い社員も自分が中高年になったときは、おなじ立場になれると思うことで、会社に腰を落ちつける気になります。中高年が若手にまじって死にもの狂いで働いていたり、業績をあげないとリストラされたり、年功を重んじない会社には希望がありません。

「自分も歳をとったら、ああなってしまうのか」

若い社員はそう考えて長居はしないでしょう。

中高年が人件費を食うせいで、若い社員に皺寄せがくるという考えかたもありますが、よほどの実績をあげればともかく、いきなり高待遇を求めるのは無理な話です。

仮に中高年が楽をしていたとしても、経営者だけが潤っているより、社員に利益が還元されているだけましでしょう。自分が歳をとったときに安定を求めるのなら、ある程度の年功序列は必要になってきます。

その土壌はいま作らないと間にあわないのですが、ブラック企業の経営者は後継者を育てるのに熱心ではありません。なぜかといえばトップの座がおびやかされるのと、自分が利益を独占したいからです。中高年も若者と同等に働くべきで、過去の業績は認めない。常に業績をあげ続けなければクビにする。

そんなブラック企業の発想が一般にも浸透しているのか、あるいはその逆か、昔は尊敬の対象だった老人も、生産性がないという理由で介護施設に入れられます。いま若ければいいかというと、就職が大変なのはたびたび書いたとおりです。

日本の人口は二〇〇四年をピークに減少を続け、現在は四人にひとりが六十五歳以上という少子高齢化社会に突入しています。内閣府が発表した二〇一二年度版の「高齢社会白書」によれば、二〇三五年には三人にひとり、二〇六〇年には二・五人にひとりが高齢者という、かつてない時代を迎えます。これから中高年の雇用はどうなっていくのか、想像しただけで気が重くなります。

ともあれ中高年を大切にしている会社は、経済的なむだは多いにしても、人件費をコストとみなしていないだけでも健全だといえます。

わたしのブラック遍歴──その❷

水商売を辞めてからの二十代前半は、毎日遊んでばかりでした。

どうやって生活していたのか、自分でもよくわからない時期がありますが、実家に住んでいたからなんとかなったので、親の存在はありがたいものです。

しかし同年代の友人たちは、次々に就職していきます。携帯もネットもない時代とあって、連絡の手段といえば、家の電話か公衆電話しかありません。それだけに先方が忙しいと話をする機会もなくなります。

このままではいけないと焦りを感じて就職したのが、アンティークやアパレルの販売をしている会社でした。担当は接客で、アンティークのインテリアやアクセサリー、インポートの洋服や雑貨を売るのが仕事です。

会社はファッションビルにありましたから、見た目は華やかです。姉妹店も掛け持ちするので仕事は大変でしたが、まわりのショップの従業員と仲よくなって、ひまを見つけては世間話をするのが楽しみでした。

ところが入社したときから会社の経営は傾いていて、たった十万の給料を小切手で支払う状態でした。夜中に小切手をもらっても、銀行は閉まっているから換金できません。

文句をいいたいところですが、会社が自転車操業なのはわかっているだけに、なにもいえませんでした。経営者は決済が迫った手形を落とすために、闇金から金を借りては毎日のように銀行へ走ります。

経営者に頼まれて、わたしもしょっちゅう銀行へいきましたが、そのまま金を持って逃げたい誘惑に何度も駆られました。


アパレルの販売を辞めたあと、わたしはバーの経営をはじめました。

知人に紹介された物件があったというだけで、深い考えもなく手をだしたために、たちまち大赤字になって、一年ばかりで閉店するはめになりました。

あちこちに不義理をしたせいで、地元に居づらくなったわたしは逃げるように上京しました。東京では、すでに上京していた高校時代の同級生のアパートに転がりこんで、居候生活をはじめました。部屋は四畳半ひと間で、トイレは共同の風呂なしです。

そのうち同級生とも気まずくなって、べつの同級生宅や東京で知りあった友人の部屋を渡り歩きました。最後に居候をした友人の部屋は三畳で、当時の家賃が一万円でした。

東京にいるあいだは、ポスティングや雀荘の店長や倉庫の管理や日雇いの現場作業員など、さまざまな職業を経験しました。

どれもハードな仕事でしたが、特に体力を消耗したのは雀荘と現場作業でした。雀荘は風営法によって夜の十二時以降は営業できないのですが、現実にはほとんどの店が二十四時間営業です。メンバーと呼ばれる従業員は十二時間勤務で、誰かが欠勤して人数が足りなくなると二十四時間勤務になります。そのせいで慢性的な睡眠不足です。

そのうえ客の穴埋めで麻雀を打つたび、場代、つまりゲーム代を払わされます。従業員なのに、なぜ場代を払わされるのか疑問ですが、そういうしきたりなので、どうしようもありません。場代が四百円の店で半チャン十回打ったとすると、収支がトントンでも四千円を給料からひかれます。

正規の給料をもらおうと思ったら、勝つしかありません。しかし従業員はマナーよく打たねばなりませんし、客の手前、勝ちすぎてもいけない。

つまり高度な技術を要するわけですが、わたしは負けのほうが多かったうえに前借りもしていたので、はじめての給与明細はマイナス三千円でした。

日雇いの現場作業員は手配師から仕事をもらって、都内の建設現場で働きます。作業の内容は廃材の撤去や職人の手伝いがおもで、日給は八千円です。

高所作業も多くて、高層ビルの足場で資材を運んだり、窓や壁面の汚れを落としたりします。安全帯と呼ばれる命綱はあるのですが、移動中ははずしていますし、場所によっては安全帯が使えないので、かなり危険です。

高所作業は高校生の頃、板金屋でバイトをしていたので、そこそこ慣れてはいましたが、東京のビルは高さがちがうだけに足がすくみます。だからといって、もたもたしていると即座に罵声が飛んできますから、怖がっているひまはありません。

現場作業は危険なうえに重労働ですが、体を使うだけに食事が美味しく感じられます。仕事帰りに、もらったばかりの日給で飲む酒のうまさは、いまでも忘れられません。

東京ではいろいろな仕事を続けながら、いつも求人情報誌を読んでいました。バブル経済の到来を目前に就職市場は活況で、当時の求人情報誌は電話帳くらいの厚さがありました。それでも学歴経験不問の仕事はわずかしかなく、まともな会社に就職するのは困難でした。ただ求人情報誌を見ているうちに、世の中には自分の知らない職業がたくさんあるのを知りました。

なかでもグラフィックデザイナーとコピーライターといった、広告の仕事に興味を持ちました。勉強には縁がなかったものの、絵や文章は好きだったという単純な理由です。

募集要項に経験者優遇とあったので、未経験者では無理かと思いつつ、何社か履歴者を送りました。ほとんどは書類選考で落とされ、面接してくれた会社も結果は不採用です。

広告についてなんの予備知識もないのだから当然ですが、面接の際に会社の雰囲気を知ったことで、広告業界についてますます興味が湧きました。

東京で体調を崩したのを機に地元に帰ると、ふたたび日雇いの現場作業をはじめました。作業の内容は東京と似たようなものですが、現場の安全管理はずさんで、装備の点検はしないし、安全帯も支給してくれません。

鳶職《とびしょく》の手伝いのときはビルの谷間を飛び越え、橋桁の補修工事のときは地上七十メートルの高さに命綱なしでぶらさがるという、スタントマンなみに危険な作業です。それで日給は六千円ですから割にあいません。

べつの仕事を探そうと求人情報誌を読んでいたら、地元にもグラフィックデザイナーの募集があるのに気づきました。会社は少人数のプロダクションでしたが、応募しても採用される気がしません。

どうせ落とされるなら好きなようにやってやろうと、履歴書を遊び半分で書きました。いままでは職歴が多すぎるので省略していたのを細かく説明し、デザイナーっぽく自分で作った印鑑を押しました。

すると面接してくれた社長は意外にもそれをおもしろがって、あっさり採用されました。そのときは飛びあがるほどうれしくて、帰り道で足が地に着きませんでした。

けれども実際に仕事がはじまると、喜んでいるどころではなくなりました。おぼえることは山ほどあるし、作業は連日深夜まで続きます。

社長はデザインに徹底したこだわりがあって、いったん完成しても気が変わると、一からやりなおします。ただでさえ忙しいのに何度もやりなおすから、仕事はいっこうに片づきません。

四十八時間ぶっ通しで働いて、そろそろ帰ろうとすると、

「まだまだあッ」

社長が自分の体力を誇示するように叫びます。

わたしも意地になって延々と仕事を続けたりしましたが、デザインは売上げに直結するとは限りません。社員全員で徹夜して仕上げたものでもプレゼンで落とされれば、一円にもならず、そのままゴミ箱行きです。

わたしが入社した頃、そのプロダクションは広告代理店を通さず、大手のクライアントと直接取引していました。広告代理店を通さないほうが、マージンをとられないぶん利益が大きいので、かなりの売上げがありました。

ところがバブルが崩壊して、クライアントからの注文がぱったり途絶えました。仕方なく広告代理店の仕事も引き受けるようになりましたが、単価が安いだけに数をこなさなければ利益がでません。

経理を担当していた社長の奥さんは、売上げの減少に血相を変えて、早く作業を進めるよう社員を急かします。けれども社長はあいかわらずデザインにこだわって、何度もやりなおしを続けます。

わたしたち社員は社長夫婦の板挟みになって、前にもまして忙しくなりました。以前の売上げを取りもどそうと大量の仕事を抱えこんでいるから、どれだけやっても追いつきません。自宅には着替えに帰るだけで、平均睡眠時間は三、四時間でした。

親しかった同僚は過労のあまり、幻聴を聞くのもしばしばで、

「はい、なんでしょう」

明け方に突然大声をあげ、誰も呼んでいないというと首をかしげます。そのうち彼は居眠り運転で自損事故を起こして、ローンが半分以上残った車が廃車になりました。

わたしは激しい腹痛が続くので、たまりかねて病院へいきました。診察の結果、盲腸で即入院だといわれましたが、むろん入院するひまはなく、なんとか薬だけで治しました。

そこまでやっても経営はじわじわと傾いて、数年後に倒産しました。

わたしは給料が遅配になったのを機に退職しましたが、仕事がきびしかったからこそ、短期間でプロとして通用する力がつきました。おかげでその後も広告業界で働けたのですから、社長にはほんとうに感謝しています。

第三章　ブラック企業に入ってしまったら

第一節　基礎知識篇

ブラック企業とは主観の問題である

この章からは、あなたがブラック企業で働いていると仮定して話を進めます。

あなたが学生もしくは職場がブラック企業でない場合は、会社に対する不満の対処法としてお読みになってください。

ブラック企業とひと口にいっても、サービス残業が多いという程度から、社員を過労死や自殺に追いこむような会社まで、悪質さの度合がちがいます。

どこからがブラック企業で、どこまでがそうでないのか。

それを決めるのは、社員の主観です。

どんな一流企業であろうと、上司からパワハラやセクハラを受けたり、同僚から仲間はずれにされたりすれば、その社員にとってはブラック企業です。

反対に世間からブラック企業と呼ばれている会社でも、社員全員が苦しい思いをしているわけではありません。いまの待遇に甘んじている社員がいるから組織が成り立っているのであって、ひとり残らず不満なら、どんなワンマン経営者でも統制はできません。

社員の多い企業なら労働組合が結成され、ストライキやデモが頻発するでしょう。独裁政権が民衆に倒されるのとおなじで、経営者の立場も危うくなります。

ブラック企業かどうかを判断するのは社員の主観ですが、主観の内容も社員によって異なります。ある社員は給料にもっとも不満を感じていても、ある社員は給料よりも人間関係に不満を感じている。またべつの社員はサービス残業が不満かもしれません。

したがって、いまの職場がブラック企業かどうかよりも、あなたがなんに不満を感じているのかが問題です。会社に対する不満はさまざまだと思いますが、大きく分けると次の三つではないでしょうか。

待遇に関する不満
スキルに関する不満
人間関係に関する不満

待遇に関する不満には時間外労働、休日休暇、給料が含まれます。

このなかで、あなたはどれがあてはまるでしょう。

三つともあてはまるという方もいると思います。それでも不満の差はあるはずですから個別に分析していくことで、解決の糸口が見えてくるかもしれません。

まずは待遇に関する不満から順に考えてみます。

給料分だけ働くとは、どのくらい働くのか

仕事とは、時間ではなく結果です。

最終的にどれだけの業績をあげたのかが問題であって、それに費やした時間はすくないに越したことはありません。深夜までだらだら残業する社員より、集中して仕事を片づけ

て定時に帰る社員のほうが優秀です。

ところが経営者や上司の多くは、定時に帰る社員を評価しません。ひとりで先に帰ろうとすれば、同僚たちも白い目をむけてきます。

わたしが広告の仕事をしていた頃は、夜の十二時や一時で帰ろうものなら、早退のような目で見られました。朝の四時か五時が定時の感覚ですが、出勤時刻はふつうの会社とおなじですから寝るひまがありません。

しかし一部の同僚たちは疲れた顔をしながらも、

「きょうも大変やったなあ――」

どことなく満足げにつぶやきます。

それほど帰りが遅くなるのは、上司の会議が終わるのを待ってから作業にかかったり、上司から思いつきの訂正が入ったりしたせいなので、ほとんど無意味です。

けれども長時間働いたせいで、なにかをやり遂げたように錯覚して、根拠のない達成感に浸っているのです。上司たちもまた無意味な会議で疲れ果てては、ひと仕事したような気分になっています。

ほかの業界にも「帰りが遅い自慢」や「寝てない自慢」がたくさんいます。

彼らはひとと会うたびに「けさも始発で帰った」とか「もう四日寝てない」とか、さも得意そうにいいます。もっとも彼らも市場競争の犠牲者で、忙しさを誇ってでもいないとアイデンティティを保てないのです。

無能な経営者や上司は、ただ仕事がのろいだけの社員を「遅くまでがんばっている」と褒め称えて、仕事が早くて先に帰る社員は「仲間意識が足りない」だの「愛社精神がない」だのと、思いこみだけで人事評価をさげます。

残業代が全額でればまだましですが、そういう会社に限ってサービス残業です。たとえ寝るひまがないほど忙しくても、それに見合った給料をもらっていれば、たいして文句はでないでしょう。学生に人気のマスコミ関係は長時間労働があたりまえですが、どの会社もブラック企業とは呼ばれていません。

したがって時間外労働や休日休暇は、収入とのバランスが問題です。

給料が安く、プライベートな時間が多い。

給料が多く、プライベートな時間がすくない。

このどちらかならまだましで、給料が安くプライベートな時間もすくないのがブラック企業です。プライベートな時間がすくないのは、いうまでもなく社員にサービス残業をさせているからです。

サービス残業の実態や未払賃金の請求については、次節で説明しますので、ここでは給料について考えてみましょう。

あなたがいまの給料に不満があるとすれば、解決には昇給が必要です。

年功序列の会社なら勤めているだけで昇給しますが、成果主義の会社は業績をあげるしかありません。それが簡単にはいかないから、多くの社員が悩んでいます。

いまの業績でじゅうぶんだと考えた場合、給料の金額が労働時間や仕事内容と釣りあっていないのが問題です。たとえば労働時間を減らすことで、いまの給料に満足できるかもしれません。すると実際には、どのくらい働けばいいのでしょう。

サラリーマンのなかには、給料のぶんだけ働けばいいと考えるひともいます。

ところが会社が支払っているのは、給料の額面どおりではありません。社会保険料は給料から控除されていますが、それとはべつに会社の負担分があります。

その内訳は健康保険料、年金保険料、雇用保険料、労災保険料です。終身雇用の会社では、退職金の積み立ても会社負担です。

これらを合計したのが正確な人件費で、給料の一・三倍前後といわれています。

会社によっては、求人にかかった費用や研修費用、事務所の維持費なども人件費として解釈しているようですが、これは欲ばりすぎでしょう。

それでも給料の一・三倍は稼がないと給料分働いたといえません。では給料の一・三倍稼いだらいいかというと、収支はトントンで会社の利益はでないのです。

会社が利益をあげなければ、給料もあがりませんし、待遇も改善されません。あなたの勤務先がブラック企業であっても、この点はおなじですから、給料のぶんだけ働いても会社は維持できないのです。

もっともブラック企業の場合は、それほど呑気《のんき》にかまえていません。給料の一・三倍働かせても儲けがでないのだから、それ以上働かせるのは当然で、できれば給料の何倍も働かせたいのが本音です。したがって給料が高いほど激務です。

それが困難ならば、給料の額を抑えるしかない。給料を安くすることで、その一・三倍以上働かせるのも容易になります。つまり給料をコストととらえているので、いざというとき削減の対象になるのです。

給料は労働の対価ではない

ところで給料とは、本来どういうものでしょうか。

広辞苑によれば、給料とは「使用人・労働者などに対して、その雇い主が支払う報酬」とあります。今度は賃金で調べてみると「労働者が労働を提供することによって受けとる報酬」となっています。

つまり給料は労働の対価だという解釈です。

これがもっとも一般的な解釈ですが、マルクス経済学では「労働力を再生産するためのコスト」が給料だと考えられています。労働力の再生産とは、簡単にいえば社員を翌日も働かせることです。

一日働いて疲れきった社員が元気を回復するには、まず食事と睡眠が必要です。食事には食料を手に入れるだけの食費がかかり、睡眠には住居が必要なので家賃がかかります。食べて寝るだけではまともな生活はできませんから、光熱費や被服費や遊興費といった金もかかりますし、妻子がいればそのぶんも必要です。

それらをひっくるめたものが「労働力を再生産するためのコスト」すなわち給料です。この労働力の再生産によって生まれた「剰余価値」もまた再生産されます。剰余価値とは、労働者が賃金以上に働くことで生まれる価値です。

マルクスが定義した再生産には「単純再生産」と「拡大再生産」があります。

たとえば経営者が百万円で商品を仕入れ、社員に販売させた結果、二百万円の売上げがあったとします。経営者は利益の百万円を差し引いた百万円で、ふたたび商品を仕入れ、社員に販売させ、二百万円の売上げをあげる。そこからまた利益の百万円をひいて――という繰りかえしが単純再生産です。

単純再生産の場合、経営者は百万円の利益を得て、社員は給料をもらうという状態が続きます。したがって経営者と社員の関係も、延々と再生産されるのです。

拡大再生産は仕入れから販売までの過程はおなじですが、利益の百万円のうち五十万円を次の投資に加えて、百五十万円で商品を仕入れます。

その結果、売上げが倍増して三百万円になった。今度は利益の百五十万円から、百万円を加えた二百万円を投資して――という繰りかえしです。

拡大再生産の場合は、単純再生産とちがって資本が増大していきますから、商品の販売数と経営者の利益も増えていきます。商品の販売数にともなって、社員の数も増やさなければ対応できません。マルクスのいう資本の蓄積です。

経営者（資本家）が富む一方で、社員（賃金労働者）は増え続ける。

給料が労働力を再生産するためのコストならば、衣食住はもとよりその他の出費で消え失せますから、賃金労働者（プロレタリアート）はいまの生活を維持するだけで精いっぱいです。

これをマルクスは「一方の極により多くの資本家またはより大きな資本家を、他方の極により多くの賃金労働者を、再生産する」と書き「一方の極での富の蓄積は、同時に反対の極での、すなわち自分の生産物を資本として生産する階級の側での、貧困、労働苦、奴隷状態、無知、粗暴、道徳的堕落の蓄積なのである」とも指摘しています。

つまりマルクスは、今日の経済格差を予言していたのです。

といってすべてを見通していたわけではなく、マルクスは資本主義が高度に発達すると、社会主義を経て共産主義へ移行すると考えていました。

勉強不足なわたしがいうのはおこがましいですが、これは実現するとは思えません。わが国ではかつてマルクス系の学者が多かったのに、その影響は経済にあらわれていませんし、ソ連や東ドイツなど社会主義国家の崩壊という前例もあります。

ただマルクスの思想が反映されているかどうかはべつにして、給料を含む人件費をコストとしてとらえる会社が多いのはたしかです。

しかし人間は商品やその原材料とちがって、日々変化します。

いまはたいして役にたたなくとも、成長すれば大きな利益をもたらすかもしれません。そういう意味で人件費は、コストではなく投資と考えるべきです。

将来利益を生む存在として社員を育成しなければ、会社に人材が根づきません。成果主義の会社のように、いつも社員が入れ替わっていては社内の結束も弱まります。

社員を育てない会社は、能力のある人材をよそから連れてくるしかありません。けれども、そうした社員に愛社精神はないだけに、もっといい条件の話があれば、またよそへ移るでしょう。長い目で見れば生え抜きの社員が残らず、スカウトした人材に高額な報酬を払ったぶん、人件費が高くつくかもしれません。


いずれにせよ経営者側から見ると、給料はコストもしくは投資です。それでは社員の側から考えた場合、給料とはなんでしょうか。

経営者の考えかたがどうであれ、やはり労働の対価でしょうか。

社会人には幼く感じられるかもしれませんが、就労経験のない若者は給料を苦痛の代償のようにとらえる傾向があります。わたしが専門学校で教えていた頃も、

「要するに厭な思いをしたから、給料がもらえるんでしょう」

という学生がいて、わたしはむろん否定しました。

たしかに仕事は娯楽ではありませんから、楽しくなくてあたりまえです。といって厭な思いをすれば賃金がもらえるなら、会社は我慢会の会場です。

ところが学生の意見は、あながち的はずれではないようです。

哲学者の梅原猛さんによれば、ヨーロッパ文明の基礎を成すイラクのシュメール文明では、神が労働を苦痛に感じて人間を作り、人間もまたその労働が苦痛で、奴隷という身分を作ったとされているそうです。

一方、日本は古くから勤労の精神を尊んできました。一人前の大人として世の中の役にたてるのがうれしい。頭と体は疲れても、ものを作るのは楽しい。庶民は農工商を問わず、働くことのなかに喜びを見いだしていたのです。

それが時代の流れとともに、楽して儲けるのを理想とする風潮が広まってきました。楽して儲けるのが才能なら、たいていの人間は無能ですから、仕事は苦痛でしかありません。

ヨーロッパとちがうのは、てっぺんに神がいないということです。

もっともこれらは労働観であって、給料の意味とはちがいます。

給料は苦痛の代償でもなければ、労働の対価でもありません。労働そのものではなく、労働によって生みだされた商品やサービスに対して顧客が金を払う。つまり価値の提供によって会社の利益が生まれ、その一部が給料として社員に還元されます。

この流れを要約するなら、給料とは価値を創造した対価だといえます。

もっとも、こうした解釈には異論もあるでしょう。給料の意味がなんだろうと、現実に収入が増えなければ無意味じゃないか。そんな意見があるかもしれません。

たしかに給料をどう解釈しようと、現実の収入とは無関係です。

けれども自分が創造している価値を考えることは、給料とのバランスを計る目安になります。給料の高い低いは同業他社との比較で判断しがちですが、社員として自分が生みだしている価値がそれに見合っているのかが問題です。

いまもらっている給料はほんとうに安いのか、それとも妥当なのか。

妥当でないと思えば転職を検討すべきですが、

「考えてみたら、たいして働いてないんだから、給料もこんなもんか」

と感じられるなら気分が楽になります。

むろん気分が楽になるだけでは、根本的な解決になりません。が、給料の問題に限らず、会社に対する不満はストレスを軽減する方向で考えるのが大切です。いったん思いつめてしまうと客観的な視点を失い、それが自分を苦しめることになるからです。

コモディティ化した職場ではスキルが育たない

若者が会社を辞める理由で「自分の成長を感じられない」というのが、かなりの割合を占めています。自分の成長を感じられない最大の原因は、上司や先輩社員でしょう。

新人社員は仕事をおぼえていく過程で、まずは先輩に追いつくことが目安です。先輩とおなじレベルの仕事ができるようになれば、自分の成長を実感します。

次は上司に追いつくことが目標になります。そこで問題になってくるのは、追いつくのに必要なプロセスよりも、上司のような立場になりたいかどうかです。

ところが上司は安月給で、たいした権限もなく、いつも忙しそうにしている。

「十年勤めても、あの程度なのか」

そう思った社員は将来に希望が持てないでしょう。むしろ上司のようになりたくないと思いますから、その会社で働く意欲を失います。

自分の成長を感じるために必要なのは、上司の立場に魅力があることです。

いつかはあんなふうになりたいと思わせなければ、若者が去るのは当然です。

上司に魅力がないのなら、もっと上を目指せばいいようなものですが、ワンマン企業や同族企業は昇進に限界があります。なれるはずのない立場にあこがれるほど、若者も楽天的ではないでしょう。

しかもブラック企業の大半は、商品やサービスがコモディティ化しています。そのせいで高度な知識や技術を要しませんから、新人と上司にそれほど差がありません。

マニュアルどおりにやれば誰でもできる仕事では、成長を感じるのは最初のうちだけで、たちまち単純作業になってしまいます。業務の一部分しか担当できない場合が多いので、会社や店を経営できるだけの総合的なスキルも向上しません。

ファストフードを例にあげると、店舗の社員が担当するのは接客をのぞけば、食材を温めたり揚げたり盛りつけたりといった工程だけです。食材の仕入れや加工は本部でおこなっているので、料理人としての技術はおろかメニューの再現すらできません。

昔の料理人は小卒や中卒で店に住みこみました。いわゆる見習いの小僧です。

和食の世界では板前十職といって、下洗いから、中洗い、立ち洗い、立ちまわり、盛りつけ、焼き方、脇鍋、煮方、脇板、板前まで十の階層があります。

いちばん下っぱの下洗いは関西でいう「追いまわし」で、洗いものはもちろん、掃除、洗濯、御用聞きと雑用はなんでもこなします。現代ではさすがに小僧はいませんが、いまでもこのしきたりを守る店があります。

板前にたどり着くまで十年以上かかりますし、おぼえが悪ければその段階で止まったままです。けれども晴れて板前になったときは、一人前の料理人としてどこでも通用します。十年かかってもスタートが早いので、まだまだ若者です。

いまの会社とは単純に比較できませんが、成長の段階が明確な点では昔のほうがまさっています。受験勉強に苦しんだあげく四年も大学へいって、きびしい難関をくぐり抜けて就職したのに、手に職もつかないとあっては自分の成長を感じるほうが不思議です。

コモディティ化した職場は総合的なスキルが身につかないぶん、転職にも不利です。似たような仕事をやるには、似たような会社に入るしかない。ファストフードならファストフード、ファストファッションならファストファッションといった転職では、おなじことの繰りかえしです。

マニュアルに依存する会社では、社員もコモディティ化せざるをえません。社員に求められるのは個性ではなく、均等な能力です。ファストフード店が供給する商品やサービスと同様、どの店へいってもおなじ人間が必要なのです。

誰がやってもおなじ仕事ならば、そのひとでなければならない理由はない。かわりになる社員はいくらでもいる。ブラック企業はそんな発想で、社員を簡単にリストラしたり、退職に追いこんだりします。

社長の下がイエスマンばかりの会社は、人格すらコモディティ化します。

経営者の命令に従うだけの社員は、自分で考えることを放棄しているのです。そのために判断能力が低下して、ますます他人の考えに依存しますが、自分には責任がないと思うせいで反省もなければ進歩もありません。

職場でスキルを伸ばすためには、コモディティ化した職場を避けるのがいちばんです。

ただ、それ以上に大切なのは、みずから学ぼうとする姿勢です。

自分の成長を感じられないのは、必ずしも会社のせいにできません。ほんとうは学べるものがたくさんあるのに、それを見落としているかもしれないからです。

「なにかをしたい者は手段を見つけ、なにもしたくない者は言いわけを見つける」

とはアラビアのことわざです。

快適なブラック企業もある

ブラック企業とは社員の主観だと書いたとおり、それぞれ印象は異なります。ある社員にとっては地獄かもしれませんが、ある社員にとってはふつうかもしれません。またある社員にとっては天国かもしれません。

世間からブラック企業と呼ばれている会社なら、天国と感じる社員の割合はごくわずかでしょう。が、わずかでもそういう社員がいるのなら、個人的なレベルでは「いい会社」にもなりえるということです。

「会社全体としてはブラック企業だけれど、自分にとっては天国」

そう感じる筆頭は経営者でしょうが、社員にもおなじ印象を持つ者がいる。

みんなが苦しんでいるのに天国だと感じられるのは、その社員には会社のブラックな部分がいい方向に作用しているのかもしれません。

ワンマン社長にかわいがられているとか、社長の娘を嫁にもらったとか、会社の弱みを握っているとか、そういう事情があれば自由にふるまえるでしょう。

つまりブラック企業でも、社員によっては居心地がいいのです。

けれども社長にかわいがられるとか、会社の弱みを握るとかいうのは特殊な例であって、誰にでもできることではありません。適性の問題もありますし、リスクもあるでしょう。

しかし「誰にでもできることではない」というのは、重要なヒントです。

誰にでもできるのがコモディティ化した仕事ですから、誰にでもできることではないというのは、コモディティ化しないということです。

作家の藤本義一さんは、自分は会社の歯車になりたくないという意見に対して、

「機械は歯車が欠けたら止まりますが、あなたがいなくなっても会社は潰れません。せめて歯車になってください」

と答えたそうですが、コモディティ化した職場では歯車になれません。

どんな会社に入っても、みんなとおなじことしかできないのなら、その他大勢としてあつかわれます。「自分にしかできないなにか」を持てば、コモディティ化から脱することができます。

自分にしかできないなにかとは、知識や技術や発想といったスキルです。特殊な技能を必要とする職場なら、それにあった資格も有効でしょう。

待遇はブラック企業でも業務がコモディティ化しておらず、ハードな仕事をこなすことでスキルが向上するなら、短期間で仕事を学べるというメリットがあります。

一方ファストフードのように業務が完全にコモディティ化して、ほかの社員とのちがいがだせない職場もあります。その場合は、べつのところでちがいをだすしかありません。たとえば社内や取引先に強力なコネを作れば、会社にとって重要な存在になります。

ほかの社員にはブラック企業であっても、自分が快適ならば問題はなくなります。自分だけが優遇されるぶん、ふつうの会社より、はるかに働きやすいかもしれません。

給料とは価値を創造した対価だと書きましたが、給料を利益に置きかえると、わかりやすくなります。あなたがほかの社員とちがう存在になることで、自分だけの価値が創造されて、職場の快適さという利益を生むのです。

正義漢は自分の首を絞める

会社がブラック企業でも、自分が快適ならば問題はない。

そういう考えには反対だという意見もあるでしょう。ブラック企業そのものをなくさない限り、世の中はよくならない。

「自分さえよければいいのか。そんなのエゴじゃないか」

きまじめなひとは、そういうかもしれません。

自分さえよければいいというのは、たしかにエゴですが、それが厭なら現状のままで我慢するか、ほかの社員も助けるかのどちらかになります。

ほかの社員を助けるには、会社を改革するしかありません。長い時間と大変な労力を要するでしょうが、それに人生を費やすのもひとつの生きかたです。

むろん、そこまでやる人物はめったにいません。

もしいたら、ブラック企業が社会問題になったりしないはずです。いまの会社を改革するくらいなら、まともな会社に転職したほうがいいと考えるひとが多いのです。

それでは、まともな会社に転職すれば独善的でないかというと、もとの職場で同僚たちが苦しんでいるのを見捨てたのですから、やっぱりエゴです。

エゴが悪だとすれば、誰もが悪人になってしまう。エゴは人間の本質だからです。

そういう意味では、ブラック企業の経営者はエゴに忠実だといえます。

大企業の経営者なら所得が高額なのは当然で、豪邸を建てようと自家用ジェット機を買おうとかまいません。ただ富を独占して、社員に還元しないのが問題なだけです。

こう書くとブラック企業の肩を持つようですが、視点が凝り固まっていると見えるものも見えません。氷山の一角からは全体を想像できないように、さまざまに角度を変えて考えることも必要です。

そもそもどんな一流企業であろうと、正しいことばかりやってはいません。「商人《あきんど》と屏風《びょうぶ》は曲がらねば世に立たず」というとおり、すくなくとも会社が成長する過程では、経営陣はそれなりに手を汚しています。

ときどき一流企業の経営陣が汚職で摘発されて世間を驚かせますが、あれもそのたぐいで、どこの会社も大なり小なりブラックな面があるのです。

社員はそうした汚れ仕事を上にまかせているから、自分は潔白で善人だと思いこむことができます。しかし自分が経営にたずさわれば、おなじことをせざるをえないのですから、本質的に善人なわけではなく、単に立場のちがいです。

自分は善人だ、自分は正義だと思いこむと視野狭窄《しやきょうさく》に陥ります。

自分はあくまで正しいのだから、反省がありません。反省がなければ成長はなく、いつまでもおなじ場所にとどまって、文句をいい続けるしかない。

たとえば法律を破るのは悪ですが、悪だから無条件にいけないというのは思考停止です。悪を悪たらしめているのは善であって、善の定義が変われば、きのうまでの悪は善になります。善悪とは光と影のように相対的なもので、絶対的なものではないのです。

正義の遂行という大義名分のもとに、いかなる非道も許されてきたのは歴史の示すとおりで、国どうしの正義が衝突するとき、戦争は起こります。

テレビをつければ、毎日のように無数の正義が憤りの声をあげています。アクセルとブレーキを踏みちがえただけで訴える、アメリカなみの訴訟社会は目前です。正義を主張するひと、自分を正義と信ずるひとは、そうでない者を許しません。

みずからの主張を他人に押しつけるという点では、ファシズムに近い存在です。押しつけられたほうは迷惑で、相手を悪だと思うでしょう。正義の反対は敵の正義というように、これも主観の問題なのです。

だからといって、ブラック企業を肯定するわけではありません。

社員をコストあつかいし、過労死や自殺者までだすような会社はあきらかにまちがっています。民主主義の観点からすれば、まぎれもない悪ですが、ゆえに社員は善であり正義だというのは短絡です。自分が正義漢になってしまうと、会社に対して被害者意識が芽生えるだけで、なにももたらしません。

会社を責めても我慢を続けても、ストレスが溜まるばかりです。うちの会社はブラック企業だと嘆くより、すこしでも前へ進んだほうが賢明です。

第二節　行動篇

同僚は赤の他人である

リクナビNEXTの「退職理由のホンネランキング」によれば、退職理由の上位三つは次のようになっています。

一位　上司・経営者の仕事の仕方が気に入らなかった
二位　労働時間・環境が不満だった
三位　同僚・先輩・後輩とうまくいかなかった

人間関係が一位と三位を占めています。
四位は「給与が低かった」で、五位は「仕事内容が面白くなかった」ですが、六位の「社長がワンマンだった」と七位の「社風が合わなかった」は、やはり原因は人間ですから、退職理由の大半が人間関係なのです。

この結果からすると、人間関係の問題が解決すれば、かなりの割合で会社を辞めないですむことになります。

とはいえ職場の人間関係というのは、むずかしいものです。学生の頃は苦手な同級生がいても、つきあわなければすみましたが、職場だとそうはいきません。

先輩や後輩を含む同僚とは朝から晩まで顔をつきあわせて、一緒に仕事をするのです。そんな相手と気があわなかったら、いっぺんで仕事が苦痛になります。

わたしの教え子に、誰でも知っている一流企業に就職した学生がふたりいます。

有名大学の出身でもむずかしい企業とあって、最終学歴が専門学校では相当な難関でしたが、本人たちの努力もあって就職に漕ぎつけました。ところがひとりは二年後に、もうひとりは五年ほど経って退職しました。

ふたりとも理由は人間関係です。会社は一流企業だけに人事に異動を申しでれば受理されるはずですが、それすら待てなかったようです。

学生時代のふたりは成績優秀なのはもちろん、明るい性格で友人も多く、人間関係で悩むとは思えませんでした。それでも退職に追いこまれるとは、職場の人間関係はひと筋縄でいかない問題です。

一流企業でさえこんな調子ですから、ブラック企業は人間関係の不満があって当然です。ただそうした不満の背景には、会社に対する過度な期待があるように思えます。誰しも若い時期ほど友人が多く、また友人が欲しいものです。学校では、みんなと仲よくするよう教わってもいます。ところが会社に入ると、まるで雰囲気がちがいます。こちらから話しかけても、そっけない態度をとったり、知らん顔をしたり、白い目をむけてきたり、友好的でない人物がたくさんいます。

無理に親しくなろうとは思わないまでも、嫌われているような気がして落ちつきません。親しい同僚がいれば愚痴もこぼせますが、そんな相手さえいないと心細くなります。

けれども会社で出会う人間とは、会社だけのつきあいです。いくら親友のように思えても、会社という共通の話題を失ったら、あっというまに縁が切れます。会社を辞めてからも交際が続くこともありますが、最初のうちだけです。

その証拠にサラリーマンは定年退職すると、同僚や部下は他人になります。中元歳暮はぴたりとやんで電話もかかりません。年賀状はみるみる減って、送られてくるのは商店のDMのように表も裏も印刷文字です。さびしくなってかつての職場を訪ねても、笑顔で迎えられるのは一度きりで、次からは怪訝《けげん》な顔をされます。

これからは定年退職するのもむずかしい時代ですが、何十年ものあいだ勤めあげたところで、その程度の関係なのです。

むろん上司や同僚と親しくなるに越したことはありません。が、そうした関係は職場の信頼関係を築くのに必要なだけで、それ以上ではないはずです。

会社は仕事をするところであって、友人を作る場所ではありません。職場の人間と打ち解けられなくても、仕事に支障がない限り、なんら問題はないのです。

同僚は赤の他人だと考えたほうが、適度な緊張感を持ってつきあえますから、良好な関係が長続きします。下手に期待をしていないぶん、相手に対して失望もしません。

「君子の交わりは淡きこと水の若《ごと》く、小人《しょうじん》の交わりは甘きこと醴《れい》の若し」

と荘子は書いています。

醴とは甘酒のようにベタベタしたものですが、多くの恋愛が破綻するのも、ふたりがそういう関係になってからです。知りあった頃の関係を維持できれば、好ましい友人であったかもしれないのに、一線を越えるから愛憎劇が起こります。

職場の人間関係は浅くていいと思えば、自分は仲間はずれだと孤立感に悩んだり、みんなから嫌われているのではないかと不安を感じることもなくなります。

職場いじめは、はじまる前に解決する

離職率の高い会社は採用のハードルが低いだけに、少々問題がありそうな人物でも平気で雇います。雇われるほうもそんな会社しか就職口がないか、会社の下調べもろくにしないような人物がほとんどです。

そのために悪質なブラック企業ほど、程度の低い社員が集まります。

最底辺の会社には、はじめから就労意欲は皆無で、解雇されるまで固定給をもらえればいいという発想の社員もいます。そこまでになると人間関係を持つ必要もありませんから、たいして被害もありません。

問題なのは、ごくふつうの社員です。

どこの職場にも、底意地の悪い同僚のひとりやふたりはいるものです。陰口をいうくらいはまだましで、わざと仕事を教えなかったり、ミスをするようしむけたり、なにかと言いがかりをつけたり、ことあるごとに厭がらせをします。

まったく身におぼえがないのに憎悪の対象にされて、複数や集団で厭がらせをされることも珍しくありません。このところ問題になっている「職場いじめ」です。

厭がらせを放っておくと、しばしば職場いじめに発展します。相手の人数が増えるにつれて、いじめはエスカレートして解決が困難になります。

妙な兆候を感じたら、早めに手を打つのが肝心です。それにはまず、最初の厭がらせに毅然として対応することです。

あなたがもし厭がらせをされた場合、なぜそういう行動をとるのか、相手に問いただす。その結果、あなたにも責任があるとわかったら、すなおに詫びる。あなたに責任がないのなら、厭がらせをやめるよう頼む。

平凡な手段に思えるかもしれませんが、これがいちばん単純かつ効果的です。

本人にはなにもいわないで上司に相談したり、べつの同僚を通じて抗議したり、あなたも陰口をいったりすると、事態は複雑化して収拾がつかなくなります。

上司がしっかり部下を掌握しているなら、本人に抗議しなくとも解決につながるかもしれません。が、そうでなければ逆効果です。上司に告げ口したと思われたら火に油を注ぐようなもので、ますます立場が悪化します。

まず本人に抗議して、それでもだめなら上司に相談するのが順序です。

とはいえ気の弱いひとは、本人に抗議するのはためらいがあるでしょう。それでも厭がらせをエスカレートさせないためには、勇気をだすしかありません。

本人と話をするのは、ふたりきりのときか、そういう場所を選ぶべきです。他人の目があると相手は身構えますし、恥をかかすことにもなりますから、話がこじれるかもしれません。人前で部下を叱らないのが上司の心得であるように、相手のメンツを潰さない気配りが大切です。

ふたりきりだと相手も緊張しますから、真剣に対話ができます。うまくいけば、あなたを見なおすでしょうし、それをきっかけに打ち解けることもあるでしょう。

しかし話の流れしだいでは、さらに関係が悪化するかもしれません。

相手に抗議しても埒《らち》があかず、上司に相談しても厭がらせが続く場合は、それらの証拠をつかんで人事や経営者に相談します。

現在すでに集団的な職場いじめを受けている場合も同様です。どうやって証拠をつかむかは後述しますが、そこまでいくと後もどりができなくなるかもしれません。そうなる前に、どうして厭がらせをされるのか、相手の立場でじっくり考えてみるべきです。

「他人は、わたし自身が自分を知るよりも、もっとよくわたしを知っている」

とゲーテが書いているとおり、自分では気づかない欠点があるのかもしれません。厭がらせに反撃を開始するのは、それを確認してからです。

厭がらせの証拠を記録せよ

職場の厭がらせを解決するには、相手と直接対話するのがいちばんだと書きましたが、それができないパターンがふたつあります。

ひとつは相手が誰かわからない場合、もうひとつは相手はわかるものの、必ずしも厭がらせとはいえない場合です。

前者はもっとも陰湿で、相手は正体をあらわしません。職場の誰があなたに厭がらせをしているのか、考えれば考えるほど疑心暗鬼に陥ります。

相手はそれが目的ですから、目星をつけて文句をいっても、とぼけられる可能性が高いでしょう。となると対抗策は、こちらもひそかに行動することです。

持ちものが紛失したり、損害を与えられたりといった厭がらせは、日時と状況を記録し、品物は証拠として保管します。その際に相手の指紋を消さないよう、注意が必要です。

ネットやメール、スマートフォンを使っての誹謗中傷は削除されないうちに保存して、IPアドレスがわかれば、それももちろん保存します。

持ちものの被害は警察署に被害届をだすことで、窃盗罪や器物損壊罪で捜査してもらえますし、ネットなどの誹謗中傷も内容によっては刑事告訴が可能です。

刑事告訴ができなくても、裁判所を通じて個人情報の開示請求をおこなえます。

むろん被害届や告訴は最終的な手段です。会社も事件になるのは厭がりますから、実行した場合は勤務を続けるのがむずかしくなるかもしれません。

なるべくなら事を荒立てずにすませたいところです。ただ被害届や告訴といった行動にでるかもしれないというプレッシャーを与えるのは、相手に対して有効です。

もう我慢できないので警察に被害届をだす。証拠も押さえている。

社内にそんな噂を流せば、相手の耳に届きますから、厭がらせがやむかもしれません。

上司もとりなしにくるでしょうから、そこで相談するのもひとつの手です。

続いては、相手はわかるものの、必ずしも厭がらせとはいえない場合です。

なにかと口実を作って自分の仕事を押しつけてきたり、忘れたふりをして連絡事項を伝えなかったり、こちらが伝えた情報を聞いていないと主張したり、厭がらせかどうか判断が微妙なので対処に困ります。

こういうことをするのはおなじ立場の同僚よりも、先輩や上司が多いでしょう。相手は悪意がないのを装うことで、こちらが怒るのを待っているふしがあります。

うっかり怒ったら相手の思うつぼで、あなたが悪者に仕立てあげられる恐れがあります。反撃できないのはストレスが溜まりますが、とりあえず無視するのがいちばんです。

積極的な行動にでないということは、相手もあなたを恐れていると考えられますから、さらりと受け流していれば、じきに戦意を失うかもしれません。

しつこく続くようなら、あなたから相手に接近するのも効果的です。あなたが積極的に話しかけたり、行動をともにすることで相手の心理が読めてきます。

できれば相手の意表を突いて、なにかを教わるとか、仕事を手伝うとかすれば、さらに効果は高まります。むろん相手はとまどうでしょうが、あなたが敵意を見せなければ、そのうち態度が軟化するはずです。

そんな行為は相手に媚びるようで、厭だと感じるかもしれません。けれども媚びるのが相手の歓心を買う行為なのに対して、あなたは相手を思いどおりに動かそうとしているのですから、出発点がちがいます。

いまは腰を低くしておいて、いずれは自分が利用してやる。そのくらいしたたかな気持で相手に接するのが、解決への近道です。

相手を潰すには、この手を使え

厭がらせや職場いじめについて、一般的な解決手段を考えてきました。

しかしブラック企業には、どんな社員がいるかわかりません。いくら厭がらせに抗議しても、聞く耳を持たない相手もいるでしょう。せっかく恥をかかせまいと思って、ふたりきりで話をしたのに、そんな気持をまったく理解しない相手もいるでしょう。

あなたが男性なら、相手が逆上して暴言を吐いたり、暴力をふるうことも考えられます。

いや、いまの時代は女性どうしでもじゅうぶんありえます。

そうした危険を感じる相手なら、選択肢は三つです。

一　なにもいわずに退職する。
二　このまま厭がらせを続けるつもりなら、会社を辞めると相手にいう。
三　なにがあっても徹底抗戦する。

一の場合はただ辞めるだけで、問題の解決にはつながりません。

会社を辞める覚悟があるなら、二を選んだほうが悔いが残らないでしょう。厭がらせをやめるか、あなたを辞めさせるかの選択を迫ることで、相手を動揺させるのが狙いです。自分のせいであなたが辞めると思ったら、相手はおびえて譲歩するかもしれません。

反対に相手が厭がらせをやめないといえば、それなら辞めると答えます。その場合は、すぐ上司に報告しましょう。上司にいままでの経緯を説明して、

「××さんが厭がらせをやめないといったので、退職します」

といったニュアンスの話をすれば、上司も黙っていられないはずです。

朝礼や会議など、ほかの社員がいる場所でいえば、周囲の同情をひきだすとともに相手を悪者にする効果があります。もっとも、この方法だと相手を追いつめすぎるのと、退職の意思をみんなに知られるせいで、会社に残りづらくなるというリスクがあります。

相手を追いつめてもかまわないなら、三を選んで徹底抗戦の構えで臨みましょう。

三はなにがあっても相手と戦うのですから、事前に準備を整えます。

必要なのはＩＣレコーダーです。これを体のどこかに忍ばせておいて、相手が暴言を吐いたり、暴力をふるったときの証拠を残します。

テープレコーダーはかさばりますし、テープの音も心配です。携帯電話やスマートフォンでも録音はできますが、やはりかさばるのと録音時間が気になります。

ＩＣレコーダーは話しあいの直前に録音を開始しますが、いざというときの証拠ですから、あなたが暴言を慎むのはもちろん、あとで不利になるような発言は控えます。暴力をふるわれた場合に備えて、壊れたり落としたりしない場所に隠しましょう。

ＩＣレコーダーは超小型の機種が豊富にあります。すべてネットショップで購入できて廉価ですから入手は容易です。ペン型、腕時計型、キーホルダー型など特殊なタイプは、たいていビデオカメラも装備しています。

話しあう場所が決まっている場合は、その場所に前もってＩＣレコーダーをセットしてもいいでしょう。ビデオカメラがついている機種なら隠し撮りできますし、さらに万全を期すならＩＣレコーダーとはべつの場所に、単体のビデオカメラを隠します。

あるいは社内の防犯カメラがある場所で、話しあいをする手もあります。

これだと最初からカメラがまわっているだけに手間が省けます。ただ防犯カメラは音声は残らないのでＩＣレコーダーは必要です。

集団による職場いじめにも、ＩＣレコーダーが役立ちます。たとえば、あなたのデスクに録音中のICレコーダーを隠しておいて、あなたは席をはずします。同僚や上司たちの会話が録音できますから、いじめの証拠をつかめるかもしれません。

ICレコーダーで証拠を残すにしても、なるべく暴力は避けたいものです。相手が異常な性格で怪我でも負わされたら、損をするのはこちらです。

けれども厭がらせに屈したくないなら、一対一で相手とむきあいましょう。

そうした勇気を養わない限り、おなじようなことは何度も起こります。なにもケンカをしにいくわけではありません。あくまで和解が目的ですから、冷静に話しあえばいいのです。こちらに原因があれば改めるから、厭がらせをやめて欲しいというだけです。

もし暴言を吐いたり、暴力をふるったりしたら、相手は圧倒的に不利になります。

暴言は「殴るぞ」や「殺すぞ」など、内容によっては脅迫罪が成立します。

胸ぐらをつかまれたら暴行罪ですし、怪我をさせられたら傷害罪です。すこしでも怪我をした場合は、すぐに病院で診断書をとりましょう。

暴言や暴力がなかったとしても、厭がらせをやめて欲しいという要求に応じなかった証拠があれば、相手に非があるのはあきらかです。

音声データやビデオを上司や人事、あるいは経営者に提出すれば、相手に対してなんらかの処分がくだされるはずです。ただし証拠は誰かに握り潰されないよう、コピーをとっておくのが安全です。

あなたの証言と証拠があっても会社が対応しないようなら、もはや組織として異常ですから、労働基準監督署や弁護士に相談すべきです。会社自体を攻撃するなら、ネット上に証拠をアップしたり、損害賠償請求の裁判を起こすことも考えられます。

ブラック企業のような搾取がまかりとおっているわりに、最近の社会はコンプライアンス（法令遵守）に敏感ですから、それを逆手にとれば有利に戦えます。

とはいえこれは最悪の場合であって、厭がらせをやめさせたら、それでじゅうぶんなはずです。相手を追いつめすぎないよう、証拠の使いかたは慎重に考えてください。

相手を辞めさせることができても、逆恨みされたら危険です。退社後もストーカー化して、厭がらせをしてくるかもしれませんし、危害を加えられる恐れもあります。

証拠はできる限り、和解のために使ったほうがいいでしょう。いよいよのときは、こういう手段があると思うだけでも、気持が落ちつきます。

厭がらせや職場いじめは許せませんが、自分が正義漢になりすぎないよう、相手に逃げ場を作ってやることで、トラブルを穏便に解決できます。

セクハラ・パワハラは弱みを握るチャンス

ブラック企業の多くは「社風が体育会系」です。

体育会系そのものに問題はないのですが、精神論や根性論を好み、上下関係や規律にきびしく、体力を重視する点で似通ったものがあります。

なぜそんな社風になるかといえば、ブラック企業の多くは経営者を頂点とした縦社会を求めているからです。学校の運動部や軍隊のように統制のとれた組織を作るためには、体育会系の思想が適しています。

もっとも結束の要となっているのは精神ではなく金ですから、運動部や軍隊のように強い絆はありません。みな会社に忠実なふりをしているだけですが、上下関係のきびしさをいいことに、セクハラやパワハラをおこなう社員もいます。

旧日本軍の古参兵が「軍の伝統を教える」と称して初年兵をいじめ抜いたように、縦社会で溜まったストレスは末端へむかいます。会社でいえば、新入社員や非正規雇用者です。

セクシャル・ハラスメント、すなわちセクハラは男女雇用機会均等法で、次のように定義されています。「職場において行われる性的な言動に対するその雇用する労働者の対応により当該労働者がその労働条件につき不利益を受け、又は当該性的な言動により当該労働者の就業環境が害されること」

簡単にいえば「相手が不快に感じる性的な言動」ですが、不快に感じるかどうか、性的な言動ととらえるかどうかは主観的で、ボーダーラインが曖昧です。

極端な例では「髪切った？」と訊いただけでセクハラになるといわれます。拡大解釈すれば、プライベートに関することで不快に感じられる言動は、ほとんどセクハラになってしまいますから、判断は慎重であるべきです。

ただセクハラのボーダーラインは年々きびしくなっているようで、ほんの冗談のつもりでも相手が傷ついたと感じれば、訴訟に発展するケースは珍しくありません。

最近ニューヨーク・ポスト紙が報じたところでは、パーティーの席で上司から、歌手のスーザン・ボイルに似ているといわれた四十五歳の女性が、上司と会社を相手どって六百万ドルの損害賠償を求める裁判を起こしています。

「パワー・ハラスメントのほうは法的な定義がされていないとあって、どんな言動が該当するのか、セクハラ以上にはっきりしていません。「仕事上の指示や指導の範囲を超える言動」と考えられますが、これも判断がむずかしいところです。

もしあなたが上司や同僚の言動を不快に感じたら、それがセクハラやパワハラに該当するのかどうか調べてみましょう。ネット上にはさまざまな体験談や判例がありますから、判断の基準になります。

それらを参考に調べた結果、セクハラやパワハラだと思ったら、厭がらせや職場いじめの対策と同様、相手を逃がさないための証拠が必要です。「いったいいわない」や「やったやらない」の水掛け論になると、事実がうやむやになるかもしれません。

過去にそうした行為があったのに証拠がない場合、こちらからセクハラやパワハラを誘発して相手が乗ってきたら、自分に都合のいいところだけを記録するという、たちの悪い方法もあります。もちろんこれはお薦めできませんが、ＩＣレコーダーやビデオカメラで証拠を残せば、弱みを握ったも同然です。

相手と交渉してセクハラやパワハラをやめさせるなり、人事や経営者に訴えて処分をうながすなり、損害賠償を請求するなり、一気に攻勢へ転じられます。

ただこれも相手を追いつめすぎないことが大切で、憎悪は憎悪しか生みません。どのへんで矛《ほこ》を収めるかは行動を起こす前に考えておきましょう。

クビを賭けるなら、トップに意見しろ

ブラック企業で、オフィスの環境を改善するのは極めて困難です。

パソコンの機種が古かったり、設備が旧式だったりすると仕事の効率が落ちるうえに、ストレスも溜まります。効率ばかり優先するのも考えものですが、新しい機材を使えなければ、新しい知識や技術が身につきません。

けれどもオフィスの環境は、経営者の方針と結びついているだけに、社員の意見が通るのはまれでしょう。一社員の意見に耳を傾けるような会社であれば、そもそもブラック企業とはいえません。

しかしそれが原因で退職を考えるくらいなら、はっきり意見をいうべきです。

勤務先がワンマン企業の場合、上司や人事は頼りになりません。あなたの意見が経営者の意に沿わないと判断したら、黙殺するでしょう。

あるいは「社長に訊いたら、だめだった」と嘘をつきます。セクハラやパワハラのような不祥事も、経営者の耳に入るのを恐れて揉み消されます。

したがって、あなたが経営者に直談判するしかありません。経営者の感情を損ねる可能性もあるので危険な賭けですが、どうせ辞めるつもりなら、やってみる価値はあります。

わたしもある会社で働いていたとき、似たような経験をしました。

それまでいた上司が辞めて、いちばん古株だった男性が上司になりました。新しい上司はとたんに態度を変えて、部署を私物化しようとしはじめました。

彼の名誉を考えて詳細は控えますが、部下に対してのパワハラやセクハラは目に余るものがありました。上司の次に古株だったわたしの存在も邪魔になったようで、陰湿な厭がらせをしてきます。それに対抗してもよかったものの、そろそろ転職を考えていたので、経営者宛に辞表を送って、そのまま欠勤しました。

ただ辞表には、上司の行状を詳細に書いた手紙を添付しました。

そういう行動をとったのは私怨も含めて、残った部下が気の毒だったからです。

ともあれ会社を辞めたことで、気分がすっきりしました。が、ひさしぶりの無職を楽しむひまもなく、重役から呼びだされて社長に会いました。

社長によれば、問題の上司はすでに解雇したから、すぐ会社にもどれといいます。

とっくに辞めたつもりだったのでとまどいましたが、新しい機材の導入を条件に復職を承諾しました。その会社は経費がすくなく古い機材しかなかったので、ちょうどいい機会だと思って交渉したわけです。

もとの部署にもどると、わたしは昇進して、解雇された上司のポストにつきました。

いかにも上司を蹴落としたようで後味が悪かったですが、部下たちは喜んでくれました。結果として、上司の問題とオフィスの環境がいっぺんで改善されました。

もっともこれはワンマン経営ならではの人事であって、ふつうの会社ではどういう結果になるかわかりません。恐らくは両成敗が関の山で、職場へもどることは困難でしょう。ただクビを賭ける気があれば、思いきった行動がとれるのはたしかです。

サービス残業の真実

本節の冒頭で紹介した「退職理由のホンネランキング」の二位は「労働時間・環境が不満だった」でした。

労働時間に関する不満といえばサービス残業ですが、時間外労働が法的にどう定められているのか、知っているひとは案外すくないのではないでしょうか。

労働基準法第三十二条では、使用者は労働者を法定労働時間（一日八時間または週四十時間）を超えて労働させてはならないと規定されています。この時間を超えて労働させると「六箇月以下の懲役又は三十万円以下の罰金」の罰則が科されます。

第三十二条に違反しないよう、社員に時間外労働や休日出勤をさせるには、次の二点を満たす必要があります。

一　労働基準法第三十六条にもとづく労使間の協定を結び、行政官庁に届け出る。
二　労働基準法第三十七条にもとづく割増賃金を支払う。

一はいわゆる「三六協定《サブロク》」で、労働組合がない中小企業の場合は、社員の過半数を代表する者との協定を結び、労働基準監督署へ届け出ます。この三六協定を締結しなくては、そもそも残業をさせることはできません。

ところが三六協定を締結せずに、残業をさせている会社はたくさんあります。法律違反にもかかわらず、よほど悪質な場合をのぞいて罰則はほとんど適用されていません。

三六協定を締結していても、社員への説明がおろそかだったり、強制的に署名させたり、有効期間をすぎても更新しなかったり、手続きがずさんな会社が多いのが現状です。

三六協定を締結すれば、社員に残業や休日出勤をさせてもいいわけですが、そのぶんの賃金は払わなければなりません。

労働基準法第三十七条では、法定労働時間（一日八時間または週四十時間）を延長したり、休日に働かせた場合は「通常の労働時間又は労働日の賃金の計算額の二割五分以上五割以下の範囲内で、それぞれ政令で定める率以上の率で計算した割増賃金を支払わなければならない」となっています。

つまり社員に時間外労働をさせたら、会社は「二割五分以上の割増賃金」を支払う義務があります。割増賃金は深夜労働で二割五分以上、休日労働は三割五分以上となっていますが、二〇一〇年の労働基準法改正により、時間外労働が六十時間を超えた場合、超えたぶんの時間外労働には「五割以上の割増賃金」を支払わねばなりません。

五割以上といえば、かなりの高額です。けれどもブラック企業はあの手この手で、残業代の支払いを回避します。おもな手口は次の三つです。

一 社員をいいくるめる。
二 定額残業制（固定残業制）、年俸制、みなし労働時間制の悪用。
三 従業員を労働者の枠からはずす。

まず一は「おまえの仕事が遅いから」とか「おまえの売上げがすくないから」といった

理由で、残業代が払えないのを社員のせいにする。あるいは「会社が苦しいから我慢してくれ」と情に訴えるパターンです。

幼稚な手口ですが、社員を納得させれば問題も起きにくいので、中小企業ではかなりの割合で横行しています。タイムカードを定時で押させてから、残業をさせる。会社以外でも仕事が可能な職種だと、自宅で残業させるケースもあります。

二の「定額残業制（固定残業制）」は、残業代を前もって給料に組み入れます。たとえば月に五十時間の残業が見こまれるとしたら、そのぶんが基本給に含まれるので、必然的に給料は高額になります。給料に組み入れた残業代は、実際の残業時間にかかわらず支払われます。

残業しなくても残業代がもらえるとは一見よさそうに思えますが、ブラック企業にそんな思いやりはありません。簡単にいえば基本給が水増しされているだけで、毎月水増しした時間は必ず残業させられるということです。

あらかじめ設定された残業時間が百時間なら、毎月百時間の残業は確実です。ところがブラック企業は雇用の際にそのことについて説明しません。

説明するにしても表現が曖昧で、

「うちの会社は、給料に残業代が含まれてるから――」

これだけでは、基本給はいくらで残業代がいくらなのかわかりません。

あえて説明を怠るのは、実際の基本給はわずかで残りは残業代だという事実を知られたくないのと、サービス残業をさせるためだと考えられます。前もって残業代を払っていても、決められた残業時間を超えたぶんは支払う義務があるからです。

「うちは年俸制だから残業代はでないよ」

と会社がいったら、よほどの無知か嘘つきです。

会社の言いぶんを鵜呑みにしている社員も多いですが、法定労働時間を超えれば残業代を払う義務があります。契約が「年俸四百万」という取り決めだけなら、残業代はべつに発生します。定額残業制とおなじように年俸に残業代を組み入れている会社もありますが、こちらも超過分の残業代は支払わねばなりません。

おなじく二の「みなし労働時間制」は、「事業場外労働」と「裁量労働」の二種類があります。事業場外労働は営業マンのように外回りが多く、会社が労働時間を把握できない業務が対象で、実際の労働時間に関係なく、一定時間働いたと「みなす」制度です。

実際の労働時間が「みなし労働時間」を上回ると、サービス残業になりますが、定額の営業手当や業務手当しかもらえないという問題があります。

もうひとつの「裁量労働」は対象業務が限定されており、専門業務型と企画業務型に分類されます。専門業務型はデザイナー、プロデューサー、編集者、研究開発職、情報処理システム開発、建築士、証券アナリストなど十九業務で、企画業務型は事業運営に関する企画、立案、調査、分析といったホワイトカラーの業務が対象となります。

裁量労働は仕事の進めかたや勤務時間を社員にゆだねる制度で、導入の際に労使協定と労働基準監督署への届け出が必要です。

決められた仕事さえこなせば勤務時間は自由で、タイムカードもありません。八時間なら八時間、十時間なら十時間と「みなし労働時間」を決めて、早く帰ろうと遅く帰ろうと給料はおなじです。

ゲーム業界のように勤務が不規則になりがちな職種では、時間に縛られずマイペースで仕事ができるという利点があります。けれども会社がこなしきれないほどの仕事を与えたら、一転して劣悪な労働環境となるだけに悪用が懸念されます。

またフレックスタイムのように労働時間を配分できる「変形労働時間制」を採用して、法定労働時間を超えても残業代を払わずにすむよう調整する会社もあります。

三の「従業員を労働者の枠からはずす」は、社員を「名ばかり管理職」に格上げして、残業代の支払い義務から免れる。または雇用契約を社員ではなく、委託や請負といった個人事業主あつかいにして、労働法の適用外にします。

未払賃金を回収せよ

ブラック企業がサービス残業を正当化する手口について書いてきました。

本来は職場を働きやすくするための制度が悪用されて、反対に労働者を苦しめる結果になっているのは残念です。サービス残業はもちろん違法ですから、労働基準監督署への申告や訴訟を起こすことで、未払賃金を請求できます。

とはいえ転職の際に影響がでるのを恐れて、そこまでしない社員が多いのが現状です。法に反しているのは会社ですから、転職への影響があってはなりませんが、転職先に事情を知られると影響がないとはいいきれません。

一部の会社は社員を中途採用する場合、以前の職場へ連絡して、その人物の退職理由や勤務態度を訊《たず》ねます。そのときに悪評を口にする場合があるからです。

わたしが勤め人だった頃はサービス残業は当然だという風潮もあって、会社に未払賃金を請求したことはありません。労働基準監督署はちょっとやそっとでは動かないという噂もありました。ただ当時であっても、取引先の社員が訴訟を起こして、数百万円におよぶ未払賃金を取りもどしたという話は耳にしました。

わたしも過去のサービス残業を累計すれば相当な金額になるはずで、高級外車の一台や二台は買えたと思うと、ちょっと惜しかったような気もします。

ただ、まともに残業代を払ったら経営が立ち行かない会社もありましたし、わたし自身それほどまじめな社員ではなかったので、おあいこのようなつもりでした。

しかし当時といまとでは状況がちがいます。

就職市場の低迷をいいことに、ブラック企業はやりたい放題です。残業代を払えないほど金がないのなら同情の余地もありますが、社員は長時間労働と低賃金で苦しんでいるのに、経営者とその取り巻きだけは暴利をむさぼっています。

そんな会社に請求をためらう理由はありません。

ブラック企業が増加したせいか、労働基準監督署も昔とちがって動きが迅速です。

気になるのは転職への影響だけですが、自分からは口外せず同業他社に転職しなければ、それほどリスクはないでしょう。未払賃金がいくらになるのか計算して、まとまった金額になるようなら、請求に踏みきることで当面の生活資金が得られるかもしれません。ブラック企業から回収した未払賃金を元手に、商売をはじめることだって可能です。

もっとも勤務先が導入している制度を把握しておかないと、請求ができない場合もあります。たとえば定額残業制の会社に勤めていて、自分はサービス残業をしたと思っていても、それが基本給に含まれていたら、未払賃金はゼロになります。

サービス残業の事実がある場合でも、それを証明するものがないと請求がむずかしくなりますから、なるべく早い時期から証拠を残しておくべきです。

証拠は日記形式のメモでじゅうぶんだといわれています。

けれども日付、出勤時刻、退社時刻、業務内容を書いただけでは、会社から不備をつかれる恐れがあります。メモはできるだけ詳細に、誰がどういう指示をして残業になったのかも記録したほうがいいでしょう。

雇用契約書や労働契約書といった雇用時に交付された書類は、契約内容と勤務の実態が異なっているのを証明するために有効です。また未払賃金を請求する期間の給与明細票も準備したいところです。

さらに証拠能力を高めるためには、タイムカード、業務日誌、賃金台帳のコピーをとる。

あるいは毎日の出勤時刻、退社時刻、業務内容を書いたメールを会社のパソコンから自宅へ送信するといった方法があります。

ただ自宅へのメールはパソコンの私的利用だとか、賃金台帳のコピーは情報漏洩だとか、会社が難癖をつけてくるかもしれませんので、秘密裏に行動する必要があります。

なにも証拠がないという場合は、記憶をさかのぼるしかありません。

思いだせる範囲で残業時間や業務内容を書きだして、請求する期間の合計金額を算出します。これだけではサービス残業を立証するには弱いですが、パソコンの使用履歴、同僚の証言など、ほかの記録も集めることで証拠能力を強化できます。

いよいよ未払賃金の請求をするときは、タイミングが問題です。

証拠を集めるには在職中が動きやすいものの、退職までに時間があると報復人事や厭がらせなどの不利益をこうむる恐れがあります。次の転職先を決めてから退職届を提出し、それと同時に交渉をはじめるのがベストな選択でしょう。

未払賃金の請求権は二年、退職金は五年で時効が成立しますので、退職後に再就職してからの請求も可能です。ただし時期が遅くなると、請求できる金額が減ってしまうだけに注意が必要です。

一般的な未払賃金の請求は、次の順序でおこないます。

まず内容証明郵便で、会社に未払賃金を請求します。メールでもかまいませんが、請求の事実を確実にするには内容証明郵便のほうがまちがいありません。

請求書の文面については、さまざまな文例やダウンロード可能なフォーマットがネット上にあるので、それらを利用することで簡単に作れます。

行政書士や弁護士に相談すれば、請求書を作成してもらえます。むろん費用はかかりますが、専門家が関わっていることで会社にプレッシャーをかけられます。

請求書は会社の代表者宛で、期日までに支払いがない場合は法的手続きをとることを明記しておきます。その際に内容証明郵便の控えは証拠として、必ず保管します。

内容証明郵便を送ったあと、会社が話しあいを求めてきた場合、不適当な発言がありそうなときは会話を録音しましょう。電話での会話なら携帯電話で録音できますし、話しあいの席にはＩＣレコーダーやビデオカメラを持参します。もし脅迫や恫喝《どうかつ》めいた発言があったら、それをひそかに記録することで交渉が有利になります。

内容証明郵便を送っても会社から返事がない、もしくは未払賃金の支払いを拒否された場合は、労働基準監督署で申告をおこないます。申告の際には、あらかじめ準備しておいたサービス残業の証拠を提出します。

労働基準監督署は会社の調査をおこなって、賃金の支払いを勧告します。

この段階で未払賃金を回収できることもあれば、労働基準監督署は支払いを強制できないため、会社が拒否することもあります。

そのときは次の段階として、ふたつの選択肢があります。

一　労働組合（ユニオン）に相談する。

二　弁護士を通じて未払賃金請求訴訟を起こす。

一は個人で加盟できる労働組合です。これに加盟すると組合は会社に対して団体交渉を申請します。会社は交渉に応じる義務がありますから、無視することはできません。組合は交渉の専門家だけに強力な支援が受けられます。

二は裁判となるだけに気がひけるかもしれませんが、請求額が二倍になる可能性があります。労働基準法第一一四条にもとづき、未払賃金と同一額の「付加金」を同時に請求できるからです。それ以外に遅延損害金も発生しますから、さらに請求額が膨れあがることもあります。

二〇〇九年九月、京都地裁は元有名力士がプロデュースしていた料理店に対して、元従業員の原告六名に未払賃金と付加金の合計、二千六百万円の支払いを命じる判決をくだしています。

こうした訴訟をはじめ未払賃金の請求は、今後も増えていくでしょう。

会社はなんとかしてサービス残業をさせようと血眼になり、社員は当然の権利とはいえ会社を相手取って訴訟を起こす。なんとも殺伐とした話ですが、会社のありかたを見なおさない限り、改善は望めそうもありません。

パナソニックの創業者、松下幸之助さんはかつて「労使の関係は、対立しつつ調和するのが望ましい」と語り、同時に「調和のない対立は無意味」ともいっています。

円満退職が困難な時代、サービス残業をめぐる争いは後味の悪いものになりそうです。

どんな会社もその日で辞められる

あなたの勤務先がブラック企業で、なおかつ仕事に不満を感じているなら、いつ退職するのかが問題です。できれば転職先が決まってから退職するのが望ましいですが、一日でも早く辞めたい場合もあるでしょう。

たびたび触れたようにブラック企業は離職率が高いので、たいていはすんなり辞められます。けれども、あなたが職場で重要なポジションにいた場合は、上司や同僚から引き止められるかもしれません。

「かわりの社員が入るまで待って」

「辞めるなら、きちんと引継ぎして欲しい」

「次の就職先が決まってから辞めればいい」

そんな理由で辞めさせてもらえず、ずるずると勤務させられる社員もいるようです。

社会人のマナーとして業務の引継ぎはしたほうがいいでしょうが、それも会社によりけりで悪質なブラック企業に忠義だてする必要はありません。どうしても辞めたいと思ったら、会社の都合など気にせずに、すぐさま退職すべきです。

それでも会社がうるさいようなら、体調不良を理由に欠勤すればいい。早い話が出社しなければ、どんな会社であろうとその日で辞められます。無責任なようですが、辞めたい気持を我慢して働いていると、ストレスで体調を崩さないとも限りません。

あなたが病気になっても会社は面倒をみてくれないのですから、自分の気持を優先するのは当然です。ひとまず会社を休んでから退職届を郵送すれば、会社はそれを受理するしかなく、わずらわしいやりとりをしないですみます。

もっともこれは自己都合の退職になりますから、失業給付金が気になるところです。転職先が決まっているならともかく、失業給付金が必要な場合は、会社から離職票をもらってハローワークで求職の申しこみをしなければなりません。

自己都合の退職は、被保険者期間が離職前二年間に十二か月あることが条件で、失業給付金が支給されるまで、三か月の支給制限期間があります。

会社都合の退職ならば、失業給付金は待機期間（七日）後に支給されます。

ところが解雇やリストラ、希望退職や倒産といった明確な理由がない限り、どこの会社も会社都合での退職は認めたがりません。会社都合にしたくない理由は、企業としての信頼低下、訴訟への発展、助成金への影響などを恐れるからです。

したがって自己都合で退職するよう仕向けます。その代表的な例が一流企業も設置している「リストラ部屋」や「追いだし部屋」で、辞めさせたい社員をじわじわと退職へ追いこんでいきます。ブラック企業なら、もっと露骨な厭がらせをしてくるでしょう。

ただ自己都合で退職しても正当な理由があれば、会社都合とおなじく失業給付金はすぐに支給されます。正当な理由とは、雇用保険法第三十三条の「雇用保険の受給制限のない自己都合退職」にもとづいて、次のような条件があてはまる場合です。

一　体力の不足や心身の障害による退職
二　介護や育児による退職
三　通勤困難による退職
四　残業時間が毎月四十五時間以上、退職前の三か月間続いている場合
五　給料の減額や未払い
六　採用条件と実際の労働条件の著しい相違
七　業務内容の変更や業務契約の未更新
八　会社が法に違反した場合
九　パワハラ・セクハラなど厭がらせによる退職
十　休職を命じられた場合

各項目の詳細については長くなるので省略しますが、これ以外にも条件はありますので、失業給付金が早めに必要なら事前に調べるか、ハローワークに相談しましょう。

よりくわしく知りたい場合は、雇用保険のマニュアル本もたくさんでています。若者むけの内容が多く「トクする」とか「裏ワザ」といった見出しが目につきます。

もらえるものはもらわねば損だという発想のようですが、ここでも自分の気持を優先するのがいいでしょう。自己都合でも会社都合でも手続きが面倒なら、失業給付金はあきらめて、自分で就職先を探すしかありません。

といって失業給付金をあてにして無職の期間が長引くとしたら、問題を先送りしているだけです。食うにも困るようならべつですが、次の職場で働けば給料がもらえるのですから、必ずしも失業給付金にこだわる必要はないと思います。

手続きで疲労困憊《こんぱい》したり、会社と揉めてストレスを感じるくらいなら、さっさと就職先を決めたほうが、はるかに楽かもしれません。

わたしのブラック遍歴――その❸

次に働いた広告代理店は経営者がとんでもないワンマンで、社員はみんないつクビにされるかとおびえているような会社でした。事実、わたしが勤めていたあいだに、社長の電話一本でクビになった社員は十人以上いたと思います。

そんな会社のわりに仕事は楽で、毎日定時に帰れましたし、給料もそこそこでした。

わたしはデザイナー兼コピーライターとして入社しましたが、広告代理店といってもクライアントは親会社で、社長はそこの経営者でもありましたから、すべてが彼の一存で決まります。

したがって社長の意向を汲んでさえいれば、なにをやっても平気でした。親会社の重役と揉めても「社長がこういっている」のひとことで、相手は口をつぐみます。

ただし社長の機嫌を損ねると、たちまち減給されたり賞与がなくなったりします。社長は叩きあげで財を成した魅力的な人物でしたが、いつも機嫌をとるのは性にあわないし、仕事が楽なぶん、業界で必要な知識や技術が身につきません。もっとレベルの高い仕事がしたくなって求人を探していると、地元でオープンする予定の百貨店が広告部の社員を募集していました。当時その百貨店はグループ全体の売上高が日本一で、一万人の従業員を擁する大企業でした。

高卒で業界経験に乏しいわたしにはかなりの難関でしたが、うまい具合に採用が決まり、それまで勤めていた広告代理店を退職しました。

その百貨店では、はじめは広告部のコピーライターを担当し、最終的にアートディレクターを務めました。全国的に知られた百貨店とあって仕事のレベルは高く、その点では満足でした。広告業界ではもっとも多忙な流通業だけに、仕事がハードなのも覚悟していました。

けれども百貨店の忙しさは想像を上回るもので、家に帰れない度合では以前のプロダクションと互角かそれ以上です。毎月の残業時間は過労死ラインの八十時間をはるかに超えて平均で百五十時間、繁忙期には二百時間を超えました。

それでも広告部はデスクワークだからまだましです。売場の社員たちは終日立ちっぱなしで接客に追われているのに、おなじくらい残業をしています。

女子社員が血を吐いたとか倒れたとか、そんな噂を何度も耳にしましたが、男性社員はさらに過酷で、管理職になると会議が二昼夜くらい続くのはざらでした。そのせいかどうか、人事部の前にはいつも社員の訃報が貼られていました。

とはいえ入社から一年ほどは残業代が全額支給されましたから、それだけで給料を上回るほどの収入がありました。人間は現金なもので、忙しくてもそれに見合った収入があれば、あまり不満を感じません。

ところがある時期から残業時間の上限が設けられ、決められた範囲でしか申請できなくなりました。最初は百時間までだったのが、まもなく五十時間になり、三十時間になりました。残業を申請してはいけないだけで、早く帰れるわけではありません。

つまりサービス残業です。その頃になって会社が巨額の負債を抱えているのが、マスコミで報じられるようになりました。負債は億ではなく兆単位です。

さすがに大丈夫かと思いましたが、グループを統率する会長は政財界に強力なコネがあるから、ちょっとやそっとでは潰れないと上の人間は口をそろえます。

「うちが潰れるときは、日本が潰れるときだ」

という上司もいました。

実際、店は繁盛していましたし、仕事はあいかわらず多忙です。たまたま仕事が片づいて日付が変わらないうちに帰れようものなら、うれしさのあまり同僚と小躍りしました。

オープンからしばらく経ってもそれほど忙しいのは、折込み広告や中吊り広告、新聞広告やテレビCMといった制作物が多いのに加えて、上層部からしょっちゅう訂正が入るせいです。店のトップである店長をはじめ部課長たちは、いったんOKをだしたものでも、何度となく訂正を入れます。

そうすることで広告の質が高まるならいいのですが、彼らはデザインについては素人だけに思いつきで訂正をします。納期がぎりぎりになってもそれが続くので、わたしたち社員が深夜残業になるのはもちろん、取引先の印刷会社やプロダクションも皺寄せを食って、毎日のように徹夜です。

あまりに理不尽な訂正をめぐって、上司とは何度となく衝突しました。ほかの部署とも揉めたせいで、しだいに居心地が悪くなって、またしても転職を考えました。

はじめは取引先の広告代理店か新聞社に入ろうと画策したのですが、こちらはクライアントとして知られているので身軽に動けません。

その頃にはグループの業績は一段と悪化して、賞与が〇・五か月分しかでないという状況に陥っていました。にもかかわらず組合が発行する社内報には「会長の大英断！」という見出しが躍り、賞与の支給を決断した会長に感謝すべきだという記事がありました。

こうなると会社というより社会主義国家です。

わたしは残業代をいっさい申告せず、自分のデスクの横の壁に給与明細を貼りつけていました。それを見た取引先は目をまるくして、

「まさか、こんなにすくないんですか」

あきれた声をあげます。

反抗的な態度のせいで、人事部からも目をつけられました。

いつもの理不尽な訂正に逆上して、うっかり辞めるといったのにつけこまれて、

退職に追いこまれそうにもなりました。が、面の皮がすっかり厚くなっていたわたしは、次の仕事が決まるまで頑として辞めませんでした。

退職したのは、専門学校の講師に内定してからです。なぜ講師の仕事を選んだかというと、広告業界でのキャリアはいくらかできたものの、わたしには学歴がありません。百貨店の上司たちはみな高学歴だったので、あらためてそれを感じました。

といって、いまさら大学へ入るわけにもいきません。ならば教える側にまわることで、乏しい学歴を埋めあわせようと考えたのです。

わたしが講師の仕事に慣れてきた頃、その百貨店グループは民事再生法の適用を申請し、事実上倒産しました。のちにわかったところでは、会長はいくつかの店舗に自分専用の隠し部屋を持ち、会社が倒産寸前になったときでも四億円の報酬を得ていました。

その後、会長は私財の差し押さえを免れようとして、強制執行妨害罪で有罪判決を受けています。会長とべったりだった組合の委員長は、裏金を使って都内の超高級ホテルに滞在し、銀座で毎晩のように豪遊していたのが発覚して懲戒解雇されました。

専門学校では、グラフィックデザイン学科の専任講師を務めました。

学校というと安定しているように見えるかもしれませんが、講師どうしの確執や新人に対するいじめが横行し、離職率が非常に高い職場です。学校だけに表面上は平和を装っているぶん実態は陰湿で、学校の運営側と折合いが悪いと、すぐさま解雇されます。

新人は期末ごとに何人かクビになりますし、勤続三十年近い講師が送別会ひとつなく辞めていくのを何度か見ました。ただ講師も講師で、経歴を偽っていたり、専門的な知識に乏しい者もいましたから、一概に学校が悪いとはいえません。

専任講師は学生に教えるだけでなく、担任活動やカリキュラムの作成、出席簿や単位の管理、スポーツ大会や学園祭の運営といった雑務をこなさねばなりません。したがって講師になってからも多忙でしたが、前の百貨店にくらべれば余裕があります。わたしは空いた時間を利用して、小説を書きはじめました。当時は作家になるという気持は薄く、次は大学へもぐりこもうかと考えていました。

はじめて書いた小説はどこかの文学賞に応募しようと思っていましたが、親友が紹介してくれた出版社から単行本として刊行されました。それがきっかけで原稿の依頼がくるようになり、二冊目三冊目と本をだしていると、さらに執筆の機会が増えてきました。

わたしは拘束時間の多い専任講師を辞めて非常勤講師になり、集中して小説を書きました。やがてそちらが本業になって専門学校を退職し、現在に至ります。

作家という仕事は、誰からも干渉や強制を受けないかわり、たったひとりの作業です。すべてが自己責任ですから、一から十まで自分でやるしかありません。休もうと思えばいつでも休めますが、そのぶん腕がなまるし原稿が遅れます。

いつも締切に追われていますし、追われているくらいでないと生活できません。大ベストセラーでもあればともかく、なんの貯えもないわたしは常に自転車操業です。

しかも社会的な信用は皆無で、銀行からは洟《はな》もひっかけられません。プライベートでも職業を名乗るのは苦痛です。東京とちがって、わたしの地元に出版業界の人間はほとんどいませんから、作家を名乗ってもうさん臭い目で見られるだけです。

愚痴をこぼそうにも同業者はまわりにおらず、仕事の相談すらできません。原稿を放りだして遊びにいっても締切のことが頭から離れないので、くつろげるのはまれです。何冊本をだそうと次の依頼がくる保証はなく、来年はどうなっているのか見当がつきません。

十八歳から三十三年間、さまざまな仕事をしてきましたが、考えようによっては、いちばんブラックな職業を選んでしまったのかもしれません。

ともあれ過去の経験が、現在のわたしを支えているのはたしかです。

働いていたときの気持を思いだして辛辣なことを書きましたが、当時はつらかった会社勤めも、いまではいい思い出です。そこで出逢ったひとびとにも、多くのことを教わりました。これまでの経験がなかったら、作家という仕事もきっと続けられなかったでしょう。

わたしを雇ってくれたすべての職場に感謝をこめて、この小文を終わります。

第四章 ブラック企業を恐れるな

仕事には、ぶれない軸を持て

成果主義の台頭とともに、これからは転職があたりまえの時代が到来します。

会社がブラック企業かどうかにかかわらず、ほとんどの若者が転職を経験するでしょう。

非正規雇用者はもちろん、正社員でもリストラや解雇、会社の倒産に見舞われます。

会社に見切りをつけて、自分から退職する若者も増加するはずです。不安定な雇用情勢のなかで、次のステップをどう踏みだすかが問題です。この章ではブラック企業から視点を広げて、これからの時代の働きかたについて考えます。

転職するにはどんな業界で、どの会社がいいのか。

起業するなら、どんな商売がいいのか。

会社を辞めた、あるいは会社を辞めようと思っている場合、そんなところに興味がむきがちです。けれども、どんな仕事も常に応用問題です。いくらビジネス本を読みあさっても、学校の試験のような正解はありません。むろん知識や技術も大切ですが、それ以上に重要なのは「自分なりの考え」です。

自分なりの考えとはなにか。

それは仕事に対するこだわりであり、哲学でもあります。

哲学というと抽象的に感じられるかもしれませんが、自分なりの考えがなかったら問題にぶつかるたびにその場しのぎの対応しかできず、まわりに流されるばかりです。上司や先輩から「答え」をもらうのではなく、みずから解答をだしていかなければ、知識や技術もじゅうぶんに活用できません。

どんな悩みも解決するのは、あなた自身です。あなたがこうだと思う方向へ舵を切ることで、成功か失敗かが決まります。

誰しも成功すれば、自分の判断が正しかったと考えます。持って生まれた才能や日頃の努力のおかげで成功した。つまり自分がすべてをやり遂げたと思います。

ところが失敗すると、すべてを自分のせいだとは考えられず、原因をほかに求めます。

たしかに努力が足りない面もあったが、誰それが協力してくれなかったとか、こんな不景気じゃどうしようもないとか、あれこれ口実を考えて責任を転嫁します。

成功すれば自分ひとりの手柄で、失敗すれば他人のせいではなにも学べません。

そもそも成功も失敗も、時の運です。

成功するために努力は欠かせませんが、努力をすれば報われるとは限りません。どれほど周到に準備をしても、運が悪ければ失敗に終わります。反対に運がよければ、たいして努力をしなくてもトントン拍子に事が運びます。

したがって成功しようが失敗しようが、結果はそれほど重要ではない。結果にかかわらず、反省すべきところは反省し、学ぶべきところは学ぶという姿勢――ぶれない軸を持つことが成長につながります。

ぶれない軸があるから、遠心力と求心力が釣りあってコマは回転します。なにかあるたびに軸がぶれていたらコマは傾いて、最後には停まってしまいます。

このぶれない軸こそが「自分なりの考え」です。

自分なりの考えをどうすれば持てるのかといえば、勉強しかありません。

勉強といっても学校のそれとはちがいます。実際の職場で成功や失敗を繰りかえしながら、自分にとって仕事とはなにかを学ぶ。「経験にまさる知識なし」といいますが、大切なのは目の前にある仕事から、なにを学びとれるかです。

そういう意味ではブラック企業も勉強の場です。

おなじブラック企業で働いても、仕事からなにかを学ぶ社員と学ばない社員とに分かれます。前者はそれを将来に活かしますが、後者はストレスと疲労を溜めるだけです。

自分なりの考えを持てないなら、誰かの受け売りでもかまいません。

身も蓋もない言いかたをすれば、人間の言葉はほとんど受け売りです。アイデアとは既存の情報や技術の組みあわせであって、完全にオリジナルな考えなどありません。わたしの場合、仕事についての自分なりの考えといえば本書ですが、これも受け売りです。

しかしあなたの人生は、あなただけのものです。たとえ受け売りの考えであっても自分の血肉になるほど吸収すれば、オリジナルなものに変わります。

ただその受け売りを、どこから持ってくるのかが問題です。

情報に踊らされるな

現代は人類史上、もっとも情報が豊富な時代です。

新聞雑誌やテレビやラジオしかない頃でも情報の洪水と呼ばれていたのに、インターネットやスマートフォンまで加わって、わたしたちを取り巻く情報はとてつもない量になりました。とはいえメディアによって情報は重複するし、掲示板やブログ、ツイッターやフェイスブックといったソーシャルメディアの情報が錯綜しているだけで、目新しいものはそれほど多くありません。

たいして有益な情報がないことも、殺伐とした世相をみればわかります。個人レベルのどうでもいい情報は、娯楽か時間潰しでしかありません。

にもかかわらず、それらの情報が累積して世論となり、個人の考えを左右します。そこで問題なのは情報に対して、個人がどういうフィルタリングをしているかです。

もっとも影響力を持つメディアはあいかわらずテレビですが、そこから発信される情報にはバイアスがかかっています。わかりやすいのはワイドショーやニュース番組で、司会者やコメンテーターが発するコメントです。

彼らは芸能人や文化人あるいはスポーツ選手ですが、ガソリン代が何円上がっただの、野菜の価格が高騰しただの、増税が庶民の懐を直撃だの、そんなニュースのたびに、さも驚いたような顔をします。

はなはだしい者は、ええっと声をあげてのけぞります。自分も庶民であるかのように深刻な表情で、これ以上の値上げは許せないとか、誰それが悪いからこうなったとか、もっともらしいことを口にします。

彼らは巨額の収入を得ているのに百円二百円の金で困ったふりをするのは、あきらかに嘘ですが、誰も文句をいいません。自分は金があるから値上げなんか平気だなどといえば、視聴者からクレームが押し寄せるからです。

そうした光景は、この何十年間変わりません。変わらないといえば、そうしたニュースで主婦や老人に街頭インタビューをする映像も変わりません。

なにかを値上げするといわれるたび、主婦や老人たちはいまにも飢え死にしそうな顔をして、これではもう生活できないと憤ります。街頭でふつうにインタビューすれば、なかにはちがう意見もあるはずなのに決して放送されません。

ということは番組に都合よく編集しているわけで、これも嘘です。

ニュースの最後には、司会者がやはり憤った表情で政府の無策を批判して、次の話題に移るのも何十年間変わりません。テレビ番組はこういう番組が作りたいという前提がありますから、企画の段階で偏りがある。つまりバイアスがかかっているのです。

政治関係の番組になると、バイアスはさらに強まります。ワイドショーほど見え透いてはいませんが、おなじニュースでも局によって、はっきりと見解が異なります。

これの著しいのが最近問題になっている偏向報道です。なぜ真実を伝えるべき報道にバイアスがかかるのかといえば、その社の思想が反映されるからです。テレビ局の背後には親会社としての新聞があり、新聞ももちろん各紙見解が異なります。

こうした事情はインターネットのおかげで、若者も知るようになってきました。それでも漠然とテレビを観ている視聴者のほうが圧倒的多数でしょう。漠然と観ていれば、バイアスがかかった報道も事実だと受け止めます。

本人は意識していなくとも、記憶に残った情報がやがて自分の考えのように思えてきます。それは多くの場合、自分を正当化する言論です。テレビ番組も視聴率欲しさから、常に庶民を正義としてあつかいます。

庶民もその気になって政府をはじめ、さまざまな企業や団体を糾弾します。テレビの受け売りを自分の考えとして発言し、デモや抗議をおこないます。

コラムニストの山本夏彦さんはこれを「茶の間の正義」と喝破しました。

また詩人の萩原朔太郎さんはこう書いています。

「民衆の正義とは、富豪や、資産家や、貴族や、その他の幸福なものに対して、利己的な嫉妬を感ずることである」

自分が正義漢になることの弊害については第三章で書きましたが、マスコミが垂れ流す情報を鵜呑みにすると、その場限りの安直な考えしか持てません。旬の話題に飛びついては騒ぐことを繰りかえし、情報を消費しているだけです。

「お客様は神様です」といったのは昭和を代表する演歌歌手、三波春夫さんです。三波さんのような歌手にとっては、なによりもお客様が大切だという意味だと思うのですが、現代はそれが言葉どおりの意味で通用しています。

たとえば会社や有名人が不祥事を起こすと、テレビの前で謝罪会見をします。ほとんどのひとが被害に遭っていなくても、あやまるのが当然の習慣になっています。謝罪をしなかったり、しても態度が悪いと、レポーターや記者たちは鬼の首をとったように責めたてます。新聞・雑誌の投書欄やネットの掲示板は、謝罪を求める声であふれます。なぜそうなるかといえば、視聴者や読者は「お客様」だからです。

すべての消費者もむろん「お客様」ですが、時代とともに過剰になって、いまや「お客様」は神格化されています。

その証拠に、どこの会社も不祥事はもちろん商品やサービスに欠陥があったら、ただちに謝罪させられ、場合によっては莫大な損害賠償金を求められます。最近はネット上で叩かれて、不買運動まではじまりますから、会社の存亡に関わります。

そうした影響で、商品やサービスの管理をはじめ、コンプライアンスの徹底が重要な課題となっています。この傾向は今後ますます激しくなっていくでしょう。われわれ消費者にとってはいいことのように思われますが、果たしてそうでしょうか。

客を神格化するということは、個人の権利が拡大するということです。

個人の権利が拡大していけば、会社や社会はそれぞれの主張に耳を傾けざるをえないわけですが、あるひとが迷惑だと感じたことでも、あるひとにとっては必要なことかもしれません。双方が意見を譲らないなら、そこで衝突が起こります。

個人の権利を尊重するのは大切ですが、それが果たして権利なのかが問題です。単なる個人の感情までも権利として拡大解釈してしまうと、世の中は衝突だらけです。最終的に行き着くのは、訴訟社会であり監視社会です。

つまり自分が権利を主張したぶん、他人からも権利を押しつけられるのです。

おなじ理屈で客を神格化するほど、自分も窮屈になります。日常生活においては誰もが客であり、客をもてなす側でもあるからです。

自分は客だ。金さえ払えばなにをしてもいいというのなら、より多くの金を払った者の意見が優先されます。となると、もっとも個人の権利を拡大できるのは、金持にほかならず、それが拝金主義へとつながっていきます。

他人に対して寛容さがないなら、他人も自分に寛容ではない。みな生きていくうえで、迷惑をかけたりかけられたりするのはおたがいさまだという、譲りあいの心がない。

それがいまの世の中を窮屈にしている一因だと思います。

そうなったのは庶民におもねるマスコミのせいでもあり、「お客様は神様です」と持ちあげられて、その気になったわれわれの責任でもあります。

とはいえ、マスコミがいちばんおもねるのはスポンサーです。ネット上で話題になっていても、いっさい報道されない事件があるのはそれが理由です。

しかしネットの情報にもなにかしらバイアスがかかっていますし、うかつな発言をすれば即座に「炎上」します。匿名をいいことに無責任な内容や誤報も多く、世論誘導という点ではほかのマスコミよりもあからさまです。

最近は巨大掲示板から四万件近い個人情報が流失して、新聞社やテレビ局をはじめとする有名企業、官公庁や大学までが書きこみをしていたことがあきらかになりました。個人的な書きこみならともかく、組織ぐるみで世論誘導に関わっているのが露呈すれば、大変な問題となるでしょう。

バイアスのかかった情報をフィルタリングするには、想像力が必要です。想像力のないひとびとは世論誘導に流されて、マスコミの受け売りを自分の考えだと思いこみます。

どうせ受け売りをするなら、金目当てで適当な意見をいうコメンテーターよりも、歴史に残る一流の人物に学んだほうがはるかにましです。

そんな人物から、どうやって学ぶかといえば読書です。読書というと月並な印象があるかもしれませんが、ほんの半世紀前まで独学するには読書しかありませんでした。

いまはテレビやネットでも勉強できます。しかし映像は受け身ですから、理解しなくても先へ進みます。ネットは情報源としては活用できても、文章の機微が伝わりにくく再読に適しません。

単に知識を得るだけでなく想像力を培うには、やはり読書が最適です。

「よき書物を読むことは、過去のもっともすぐれたひとびとと会話するようなものである」

とフランスの哲学者、デカルトはいいましたが、読書はまさに偉人との対話です。いかに科学が進歩しようと、人間の営みは古来から変わりません。偉人たちが遺《のこ》した書物のなかには、人生のあらゆる知恵が記されています。

自分なりの考えを持つには、まず職場での経験から学ぶこと、それと並行してすぐれた本を読むのがいちばんの勉強法です。そういう意味では、本書のような凡人が書いた本を読んでいる場合ではないのですが、わたしにしても今日まで生活できたのは、わずかながらも本を読んだおかげです。

転職でキャリアアップしろ

自分なりの考えは、目的を持つことで明確になります。

あなたがいまから航海にでるとして、最終的な目的地は「理想」です。理想とは人生における最高の状態です。あなたが望む究極の姿です。

ビル・ゲイツは成功の秘訣を訊かれて、

「それは大きなビジョンがあるかどうかだ」

と語っています。この場合のビジョンとはすなわち理想ですが、それを具体的にイメージするのはむずかしいでしょう。

お金と地位と名声があって家族にも恵まれて、といった抽象的なイメージでは、なにから手をつければいいのか見当がつきません。いきなり太平洋へ船出して、宝探しをするようなものです。

とりあえず、こうなりたいという「目的」があれば船の進路が決まります。はるか彼方の理想へたどり着くために、途中の港を見つけるのです。

港に立ち寄れば、理想のある方向をじっくり探せます。最終的な目的地が理想で、目的が途中の港だとすると、仕事は目的に到達するための手段、つまりあなたが乗る船です。

どんな目的がいいかといえば、来年のいま頃はこういう自分になっていたいとか、こんな仕事ができるようになりたいとか、あなたの姿をイメージできるものがいいでしょう。

車が買いたいとか、服が欲しいとか、海外旅行へいきたいといった目的も仕事のモチベーションを高めますが、それらは目先の欲求です。

目先の欲求を目的にするのもひとつの手段ですが、それらは金銭や感情に左右されるだとで、トラブルや失敗があっても迷わずに進んでいけます。もっと自分を成長させるところに目的を置くことで、トラブルや失敗があっても迷わずに進んでいけます。

目的を達成するためには、いまの自分からの距離を考えることです。最初から遠くを目指さなくても、徐々に進んでいけば視界が開けて、次の目的が見えてきます。

なかなか目的にたどり着けないなら、仕事という船に問題があるのかもしれません。だとすれば船を修理するか、船を乗りかえるかです。

前者は職場の状況の改善であり、後者は転職です。

ひとつ目的を達成したら、次の目的へと進む。それを繰りかえしていくうちに、目的を達成するための手段だった仕事が、目的と重なってきます。自分にぴったりの船に乗っていれば、航海が苦になりません。

目的と手段が一致したとき、仕事はやりがいのあるものに変わります。

わたしも若い頃はただ遊びたいばかりで、なんの目的も持っていませんでした。

もっとも理想は当時からはっきりしていて、ただぶらぶら遊んで暮らしたいと願っていました。そんな低次元な理想では、なにをすればいいのかもわからず、いつも行きあたりばったりで、なりゆきまかせの人生を送ってきました。

それがいくぶん変わりはじめたのは、広告業界にもぐりこんだ頃です。もしかしたら、この仕事は自分にむいているかもしれないと思いました。仕事をおぼえるにつれて、こんな会社で働いてみたいというあこがれも抱きましたのです。つまり目的が見えてきたのです。

しかし学歴も経験もないせいで、あこがれた会社には入れません。そこでとりあえず決めた目的は「転職してキャリアを作ろう」という単純なものでした。

途中で進路を変えたせいで、あこがれた会社には縁がありませんでしたが、転職を続けることでそれなりにキャリアができて、大手企業への就職や講師への道も開けました。

完璧とはいえないいながらも目的にたどり着くと、次の目的が見えてきました。

それがいまの職業である作家です。

書くことはつらいし、いつまで作家を続けられるかわかりませんが、やりがいはある。わたしの場合は作家になることで、ようやく目的と手段が一致したといえます。

正社員に限らず、バイトでも目的さえあればキャリアアップはできます。

たとえば強靭な肉体が欲しいなら、まずは基礎体力をつけるために引越しセンター、次に敏捷《びんしょう》さと機動力をつけるために宅配便、続いて腕力を強化するために酒屋とエアコンの取付け（どちらも重いです）といった順番に働けば、スポーツジムへ通うよりも、はるかにたくましい肉体を作れるでしょう。

ダイエットには宅配便でじゅうぶんなのは、そこで働くひとを見ればわかります。走りこみたいから新聞配達とか、日焼けしたいからプールの監視員とか、目的を作ると単調なバイトも楽しくなります。

しかもジムやダイエットに金がかかるのとちがって、給料がもらえます。考えかたひとつで、職場は金がもらえる学校に変わるのです。

この発想を正社員にあてはめると、営業職でセールスを学び、事務職で経理を学び、サービス業で接客を学び、そのあいだに貯めた資金で事業を興す。事実そういう方法で大企業の経営者になった人物もいます。

ここにあげたのは極端な例ですが、さまざまな仕事ができるということは、リスクの分散にもなります。デスクワークから肉体労働までできるなら、退職したり会社が潰れたりしても転職先に困りません。

転職によるキャリアアップは、これからの時代にあった働きかたといえます。

ひとによっては履歴が汚れるのを理由に転職を嫌いますが、目的を持って転職したのなら、面接の際にそれを説明すれば問題ないでしょう。ひとつの会社しか知らないひとにくらべると、いざ無職になったときに、ずっとリスクはすくないはずです。

「愚者はさまよい、賢者は旅をする」

とはイギリスの神学者、トーマス・フラーの言葉です。

なぜ就活自殺が起きるのか

就職難がもたらす弊害のなかで、もっとも深刻なのが二種類の「自殺」です。

ひとつは就職活動が原因で命を絶ってしまう「就活自殺」、もうひとつは仕事のストレスから死に追いやられる「過労自殺」です。

仕事が原因の病によって命を落とす「過労死」も重大な問題ですが、早期の休職や退職によって回避できる可能性があります。一方「就活自殺」と「過労自殺」は逃げ場がないという点で、より深刻です。

内閣府が発表した二〇一二年版「自殺対策白書」によれば、就活自殺は二〇〇七年で六十人、二〇一一年は百五十人と急増しています。二〇一一年、若者の自殺者数は一九七八年の調査開始以来、はじめて千人を突破しました。

就活自殺はその一割以上を占めていますが、調査では自殺の原因とならなかっただけで、就職の悩みが間接的な引き金となっている可能性はじゅうぶんあります。

過労自殺は労災と認定されないとデータに反映されないせいか、就活自殺以上に実際の人数がはっきりしません。厚生労働省の発表では、二〇一二年度の精神疾患の労災認定は四百七十五人、そのうち自殺・自殺未遂者は九十三人で過去最多を記録しています。

NPO法人「自殺対策支援センター　ライフリンク」が二〇一三年におこなった調査では、就職活動をはじめた大学生、百二十人のうち「死にたい、消えたいと考えたことがある」と答えた学生が二十一パーセントにのぼっています。

就職活動をはじめた段階でこの数字ですから、就職活動が長引くにつれて、学生たちの不安はさらに高まっていくでしょう。「死にたい」という回答がどこまで本気かはわかりませんが、そんな言葉を口にしなければならないほど、学生たちが追いつめられているのは事実です。

就活自殺は就職の失敗がいちばんの原因ですが、志望する企業に入れなかっただけで死を選ぶのは、あまりにも悲惨です。どこからも内定がもらえなかったにせよ、まだ若いのですから就職のチャンスは何度でもあるはずです。

それなのに自殺してしまうのは「就職できなかったら、どうしようもなくなる」「いい会社に入れないのなら、死んだほうがましだ」というプレッシャーがあるからです。

書類選考や面接に何度も落ちるうちに、社会から拒絶されたと感じ、自分が価値のない人間に思えてくる。そんなプレッシャーを作りだしているのは過酷な就職競争であり、それをあおりたてる周囲の情報です。

両親、教師、同級生やＯＢ、マスコミといった周囲が騒げば騒ぐほど、若者の胸のなかで就職は人生の一大事に膨らんでいきます。ネット上には一流企業に就職できなかったら、それだけで落伍者となるような情報が飛び交っています。

そうした情報を鵜呑みにした若者たちもうかつですが、周囲の責任も重大でしょう。たかが就職に失敗したくらいで絶望する必要はまったくない。若いうちの挫折は人生の糧であって、むしろ歓迎すべきです。

晴れて内定をもらった学生にしても、よその会社のほうがよかったのではないかと悔やんだり、自分の会社はブラック企業ではないかと不安になったりします。

いわゆる「内定ブルー」と呼ばれる状態ですが、実際に働きはじめたら、また新たな悩みが生まれてきます。早い話が、どうやっても安心などできないのです。

一流企業に入りさえすれば大丈夫かといえば、そうでもありません。

わたしは商売柄、大手出版社の若い編集者たちとつきあいがありますが、彼らはみな名だたる一流大学をでて、何百倍何千倍という競争率を勝ち抜いてきたエリートです。

しかし彼らでさえ徹夜や休日出勤はあたりまえで、過労にあえいでいます。最高学府と呼ばれる大学をでたのに、まるっきり仕事ができずに辞めた者もいます。むろんブラック企業よりも待遇はいいにしろ、決して彼らも楽ではないのです。

フリーターという言葉が生まれた八〇年代なかばは、会社に縛られたくないという理由から、就職活動をしないで世の中へでる若者が大勢いました。当時といまでは景気がちがいますが、働かなければ食えないのはおなじです。それが一転して「就職できなければ人生が終わり」という考えかたになったのは、拝金主義の風潮です。

金がすべてだという価値観が「勝ち組」「負け組」や「上流」「下流」といった格差意識を生みだします。一流企業に入れなかった時点で希望を失ってしまう若者は、そうした価値観に毒されています。といって、それは若者のせいではありません。

子は親の鏡というとおり、金銭の多寡でしか幸福をはかれない大人の世界を、若者たちが映しだしているのです。

あなたがもし学生で、就職活動に死にたいほどの疲れを感じたら、いったん活動を休んで、遊びにいくなり、旅行へいくなり好きなことをすべきです。そのせいで就職に失敗しても、会社に入るだけが能ではありません。

失敗をバネにして、なにがやれるかが人間の値打ちです。いい会社に入って人生楽勝などと考えている連中は、いざというときもろいものです。

人生にとって、挫折はかけがえのないキャリアです。運に恵まれて順風満帆の人生を歩む者は失敗から学べないし、なによりも挫折から立ちあがる喜びを知りません。

「失敗？　これはうまくいかないということを確認した成功だよ」

とエジソンはいいました。

自殺を考える前に希望を探せ

就活自殺の危機を乗り越えても、今度は過労自殺が待っています。

過労自殺の原因は、いうまでもなく仕事によるストレスや疲労ですが、会社から強いられた過重労働による場合と、みずから過労を招いた場合の二種類があります。

前者は第一章で例にあげた居酒屋チェーンやステーキチェーン店のケースがあてはまります。後者は事件化しないため表沙汰になることがすくないものの、会社への詫びの言葉が遺書に記されたケースは珍しくありません。

どちらにも共通しているのは責任感の強さです。一見、後者のほうが責任感が強いように感じられますが、前者も強引に退職すれば最悪の事態は避けられたのです。やはり責任をまっとうしようとして、精神的に追いつめられたと考えられます。

そこまで責任を感じるのは、職を失うことへの恐怖もあったかもしれません。

この会社を辞めたら、もう就職できないかもしれない。そんな恐怖に駆られて自分の限界を超えた過重労働をした結果、死という逃げ道を求めるのではないでしょうか。

仕事に責任を持つのは大切とはいえ、みずから命を絶っては元も子もありません。

けれども精神がいったん袋小路に入ってしまうと、容易には抜けだせません。

「死ぬ気になれば、なんだってできる」というのは絶望の経験が乏しいひとで、自殺を考える精神状態は、なにもかもがわずらわしいのです。死んで楽になりたいと思うばかりで、ほかのことはいっさいできません。

わたしも若い頃には何度か自殺を考えました。根がいいかげんなせいで、浅く考えるだけに終わりましたが、生きているのが厭になる感覚はある程度わかります。

また必ずしも自殺が悪いとは思いません。

わたしは祖父母や母親を癌で亡くしていますので、延命治療の残酷さを厭というほど見てきました。「スパゲッティ症候群」という言葉があるように、全身を管だらけにされて治る見こみのない治療や検査を続けられるのは、患者にとって拷問に等しい苦しみです。あんな目に遭わされるくらいなら、みずから命を絶ったほうがはるかにましです。したがって近い将来、わたしもそうした選択をする可能性もじゅうぶんあります。

マスコミに登場する常識人たちは、自殺はいけないと口をそろえますが、救済する意思も手段も持たないくせに、ただ自殺するなといわれても迷惑なだけです。

誰もが老後のことを心配するわりに、その先にある死には興味を持ちません。死のない生など存在しないし、死があるからこそ生が輝くのです。

ところが現代は、健康病といっていいほど健康に神経質です。

血圧がいくらで体重がいくらで体脂肪率がいくらで消費カロリーがいくらでと一喜一憂し、きょうは何キロ走っただの何メートル泳いだだのと疲れた体に鞭打って、健康のためなら死んでもいいという勢いです。

この食品が健康にいいとテレビがいえば、手あたりしだい買いあさり、放射能汚染と聞けば無関係な食品まで買い控えて、消費を冷えこませる。そこまでしても不安に駆られ、精密検査を受ける。企業も健康診断を勧めますが、最近は腹がでただけでメタボリックだといわれます。以前は病気でなかったものが病気になるのは、それで稼ぐ者の都合です。

人間は生きている限り、どこか具合が悪いのがふつうです。

全身を隅から隅まで調べあげれば、なにかしら疾患が見つかるに決まっています。仮に完璧な健康を保てたにしろ、それほど長生きをしてどうなるのでしょう。「命長ければ恥多し」といいますが、体が健康でも頭がぼければ自他ともに不幸です。

ジョギングの神様と呼ばれたジム・フィックスは、五十二歳の若さでジョギング中に死にました。

赤ん坊として誕生するのが人生の旅立ちなら、死は旅の終着点です。

それなのに終着点を忌まわしいものとしてあつかうから、生までが輝きを失います。

着陸できない飛行機のように、心は宙をさまようばかりです。

老いるのが怖い、死ぬのが怖いとなったら、生きているのは不安で仕方がありません。

そのせいで健康病が蔓延し、誰もが保身に走るのです。

経済政策や構造改革で埒のあかない論争を続けるひまがあるなら、安らかに死ねる合法的な手段を考えたほうが、世の中ははるかに明るくなります。終着点がより苦痛のすくないものになれば、生きているあいだにやりたいことも変わってくるはずです。

とはいえ、わたしのような年配者はともかく、若いひとたちが死を選ぶのは惜しいことです。それも過労が原因とあってはやりきれません。ただでさえ少子化が進んでいるのに、若者が自殺するのは国家にとっても大きな損失です。

人間はどうせ死ぬのだから、会社のことなど気にせずに、もっと無責任に生きていい。やりたいことをやって人生を楽しんでからでも、死ぬのは遅くありません。

が、そうはいっても、希望を失っている若者には通じないでしょう。景気がよくなる見通しはなく、経済格差は拡大するばかりです。ブラック企業に代表されるように労働環境も悪化しています。こんな時代に生きていても楽しくないという気持は理解できます。

けれども、この世界は生きるに値しないほど、荒《すさ》みきっているでしょうか。

ナチスの強制収容所から奇跡的な生還を果たしたオーストリアの精神科医、ヴィクトール・E・フランクルが自身の体験を描いた「夜と霧」（池田香代子 訳・みすず書房・二〇〇二年）のなかに、こんなシーンがあります。

ある夕べ、わたしたちが労働で死ぬほど疲れて、スープの椀を手に、居住棟のむき出しの土の床にへたりこんでいたときに、突然、仲間がとびこんで、疲れていようが寒かろうが、とにかく点呼場に出てこい、と急きたてた。太陽が沈んでいくさまを見逃させまいという、ただそれだけのために。

そしてわたしたちは、暗く燃えあがる雲におおわれた西の空をながめ、地平線いっぱいに、鉄色から血のように輝く赤まで、この世のものとも思えない色合いでたえずさまざまに幻想的な形を変えていく雲をながめた。その下には、それとは対照的に、収容所の殺伐とした灰色の棟の群れとぬかるんだ点呼場が広がり、水たまりは燃えるような天空を映していた。

わたしたちは数分間、言葉もなく心を奪われていたが、だれかが言った。

「世界はどうしてこんなに美しいんだ!」

毎日の強制労働に疲れ果て、暴力と飢餓と栄養失調に苦しみ、いつガス室へ送られるかわからない恐怖にさらされながらも、人間は美しさに感動できる。またそれを見いだすことができるのです。

わたしたちは、あり余る物資と情報に埋もれて、さまざまなものを見失っているように思います。テレビや携帯やネットの電源を切れば、かまびすしい情報の嵐はやんで、自分だけの世界がもどってきます。

夜風は肌に心地よく、朝の空気はすがすがしい。

ぽかぽかした日だまりに座っているだけで幸せな気分に浸れます。

それでは時代に追いつけないというのなら、もとの世界へ帰るしかありませんが、若者が希望を失うのは早すぎます。働く気さえあれば会社はいくらでもあるし、会社勤めだけが仕事ではありません。働く意欲が湧かないのなら、その気になるまで休めばいい。日本がだめだと思うなら海外へでればいい。

いまの職場がつらいと感じたら、すでに過労ははじまっています。

精神の袋小路に迷いこまないうちに、新たな希望を探しましょう。それを見いだす気持があれば、世界がどうであろうと希望は必ず見つかります。

「世の中で重要なことの多くは、まったく希望がないと思われるときにも、試行錯誤を続けたひとびとによって成し遂げられてきた」

とはアメリカの作家、デール・カーネギーの言葉です。

活路は非効率にある

まえがきで書いたとおり、これからの時代、ブラック企業は増え続けるでしょう。いま以上に世間の風当たりが強まれば、なんらかの規制がおこなわれ、表向きは減少するかもしれません。厚生労働省は二〇一三年の九月から無料電話相談を実施し、四千社への立ち入り調査を実施しています。本書を書いている時点では効果のほどはわかりませんが、ブラック企業という言葉も手垢《てあか》がついて、話題にならなくなるかもしれません。

しかし災難は忘れた頃にやってくるように、ほんとうに深刻な事態が訪れるのは、話題にならなくなったときです。マスコミは相手がスポンサーなら、国民の不利益にも平気で口を閉ざします。そこから目をそらすために安直なポピュリズムで国民に迎合し、国民はそれに煽動《せんどう》されて「時代の空気」が醸成されます。

時代の空気とは、誰もがおなじ言葉を自分の考えのごとく口にすることです。いったんそれが蔓延してしまうと、逆らうことは許されません。たとえ破滅への道であろうと誰にも止められないのは、第二次世界大戦が示すとおりです。

ブラック企業と呼ばれる会社が減っても、成果主義がますます主流を占めることは確実です。ＴＰＰや規制緩和によって急速にグローバル化が進む市場に、海外から本物の成果主義がなだれこんできます。人情のかけらもないシビアな成果主義を相手に、日本の企業は苦しい戦いを強いられます。

シビアな成果主義に、さらなるシビアさで対抗すれば、コストの削減合戦は苛烈さを極めます。効率をもって効率を制する、果てしない戦いです。

その戦いは、力尽きた労働者たちの屍《しかばね》の山を築くでしょう。経済格差は拡大の一途をたどり、ごく一部の富裕層による富の寡占化も進行するでしょう。

転職があたりまえの時代は、すでに到来しています。

しかし新たな雇用が創出される見こみはなく、このままでは転職すらできません。すでに崩壊したセーフティネットは機能せず、ひとたび奈落へ落ちれば、もとの場所まで這いあがるのは極めて困難です。

その一方で、わたしたちはいまよりも効率的で便利な生活を享受するでしょう。半導体の集積密度はおよそ十八か月で倍増するというムーアの法則どおり、コンピュータや携帯電話をはじめとするＩＴ機器は飛躍的な進歩を遂げてきました。

ムーアの法則はあと十年ほどで限界に達するという説もありますが、さらに進歩する可能性もじゅうぶんあります。ツイッターやフェイスブックやラインといったコミュニケーションツールはますます発展し、オンラインビジネスやネット通販も充実するでしょう。

生活は効率的で便利になっていくのに、日常は閉塞感と不安が増していきます。

その原因は、いうまでもなく不安定な雇用です。生活がどれだけ便利になっても、いつホームレスになるかもわからない毎日では気持の安らぐひまがありません。そんな殺伐とした時代のなかで、わたしたちの活路はどこにあるのでしょう。

もし活路があるとすれば、それは効率や便利なものではないはずです。

効率的で便利な生活はすでにあるのに苦しんでいるのですから、むしろその対極にあるもの——非効率的で不便なものではないでしょうか。

たとえば、それは人間の心です。

人間の心ほど複雑でわかりにくいものはありません。どんなに親しい仲でも相手の本心がわからないように、自分の気持も伝わりません。そもそも自分の気持すら、自分でわからない場合がしばしばあります。まさに非効率的で不便です。

にもかかわらず、あらゆる人間関係は信頼で成り立っています。

信頼は人間の心と心が作るものです。

経済はすべてにおいて効率を優先しますが、人間の心は効率で動いていません。

人間は自分が損をしても、他人を援助することがあります。ときには自分の命すら投げだして他人を助けます。すなわち自己犠牲の精神です。

自己犠牲の精神は利害を超越します。それを支えるのは信頼です。

信頼とは相手になにかを期待するのではなく、みずから与えるものです。

社員がサービス残業に目くじらをたてるのは、会社を信頼していないからです。会社も社員を信頼していないからサービス残業を押しつけるし、リストラや解雇をします。

けれども会社に信頼があれば、社員はサービス残業を厭《いと》いません。業績が低迷していれば、率先して残業をするでしょう。会社も業績がさがったくらいで社員を辞めさせません。社員が取引先でミスをしても全員でかばうでしょう。

大規模なリストラで業績がV字回復したという会社がありますが、社員をクビにするのが経営なら、わが子を里子にだしたり女郎屋に売った昔の口減らしとおなじです。会社の目的が利潤の最大化もしくは存続であるにしろ、組織の原点は相互扶助です。

戦後の焼け野原から日本が世界でも類のない経済成長を遂げたのは、無数の会社の努力があったからです。サービス残業やリストラやブラック企業といった言葉がなかった時代、経営者と社員の信頼が会社を支えたのではないでしょうか。

むろん高度成長期のような時代がふたたびくるとは思えません。当時とは価値観も生活もちがいます。わたしの意見など、経済の専門家には考えが甘いといわれるでしょう。

年功序列や終身雇用は復活できないし、効率的で便利な生活も手放せない。仮にわが国が手放しても他国がそうならない限り、コスト削減のチキンレースは続きます。

しかし会社は、ひとの集まりです。

そこに信頼関係がなかったら、金という獲物にたかる亡者の群れです。獲物がなくなれば共食いをするのがせいぜいで、あとに残るのは憎しみだけです。

ブラック企業のように人間をコストあつかいする会社や、富を独占するだけの経営者に未来はない。金はいくらあっても、いずれはなくなるものです。国家が傾けば、すべての金が一瞬で紙きれになるのを、わたしたちは先の大戦から学んだはずです。

ほんとうの財産は、人間の心です。

きれいごとといわれようと偽善的といわれようと、ひとの心を満たすのは、ひとの心しかありません。ブラック企業の経営者であっても大切なひとはいるだろうし、みんなから尊敬されたいと願っているはずです。

効率的で便利な生活が人類の幸福につながるのなら、現代人がいちばん幸せなはずです。どこの会社も活気づいているはずです。

ところがそうでないのは、本質を誤っているからです。

会社を元気にするためには、まず経営者が社員ひとりひとりを人間として認める。ときには効率や利益を犠牲にしてでも、社員の生活を考えることです。

ひとを粗末にあつかうのはモラルに反するから、ではありません。

安心して働ける職場がすくない時代だけに、次々と社員を使い捨てるより、腰を据えて働く社員を育成したほうが業績の向上につながるからです。

社員全員がそれぞれの立場に誇りを持って働ける会社が、いまこそ必要です。そうした会社を作ることが雇用の安定を生み、ブラック企業を減少させます。ひいては海外の成果主義に対抗できる、わが国独自の強い経済をとりもどせるのではないでしょうか。

本田技研工業すなわちホンダの創業者、本田宗一郎さんは、

「会社にむだな奴はひとりもいない」

と断言しましたが、さらにこう語っています。

「一人ひとりが自分の得手不得手を包み隠さず、ハッキリ表現する。石は石でいいんですよ。ダイヤはダイヤでいいんです。そして、監督者は部下の得意なものを早くつかんで、伸ばしてやる、適材適所を配慮してやる。そうなりゃ、石もダイヤも本当の宝になるよ」
(「本田宗一郎 夢を力に〜私の履歴書」本田宗一郎 著・日経ビジネス人文庫・二〇〇一)

幸福の追求が不幸を生む

社員が信頼できる会社が必要だといっても、いまの状況は簡単に変わりません。また変えられるような具体策もありません。破綻か変革か、大きな節目が訪れるまで、このままの状況が続くでしょう。えらそうな講釈をしておいて恐縮ですが、わたしも自分の生活を守るのが精いっぱいです。原稿の依頼がなくなれば、たちまち路頭に迷う商売ですから、不安定な度合からすればブラック企業以上でしょう。

わたしがデビューしてから十三年のあいだに、先輩後輩含めて多くの作家が業界を去っていきました。本が売れなくなって筆を折った作家もいれば、売れっ子なのに不遇の死を遂げた作家もいます。かつては仰ぎ見るような存在だった作家が、いつのまにか消えてしまうのはなんとも切ないものです。

もっとも本は世の中にあり余っています。広く読まれるべき名者は、新刊の山に埋もれています。作家も出版社も市場の需要をオーバーして、自分の都合で次々に本をだしているのですから売れなくて当然です。

作家という商売は、いくら人気があっても読者が離れればおしまいですから、職を失うのは自業自得に近く、たいして不満は感じません。感じても文句をいう場所がありません。

とはいえ、この歳で収入が途絶えたらどうなるか。貯えもないのに老後はどうするか。そんな不安は常にあります。しかし五十代にもなって、いまさらあわてたところでどうにもなりません。なるようになるだろうと開きなおっているだけです。

わたしは若い頃から開きなおってばかりで、いっこうに進歩がありません。

ただ世の中へでてから三十年以上も開きなおってきたせいで「いい大学をでて、いい会社に入って、いい結婚をして、いい子どもを作る」といった人生観に染まらないですみました。それがよかったかどうかはべつにして、世間一般の人生観に疑いを持つことで自分の人生観は育まれます。

第三章の冒頭で、ブラック企業とは主観の問題だと書きました。会社や仕事をどうとらえるか、これをさらに掘りさげると、人生観にたどり着きます。

なにが幸福で、なにが不幸なのか。

快楽主義で知られる古代ギリシアの哲学者、エピクロスは快楽を最高善とし、苦痛や悩みから解放された精神の平穏（アタラクシア）を持続するのが幸福だと考えました。

禁欲主義で知られるキプロスの哲学者、ゼノンは現世的な欲望を悪だと考え、理性によってそれを断った状態（アパティア）が幸福だと考えました。

快楽主義と禁欲主義は文字だけ見ると対極にあるようですが、どちらも心の平穏こそが幸福だと考えている点で共通しています。

一方、現代でいう幸福は、ほとんどが物質的な快楽です。

快楽とは煩悩の欲求——食欲、性欲、物欲、名誉欲などを満たすものですから、すべて金で買えます。また金がないと買えません。

タダなのは睡眠欲くらいですが、快適な寝場所を求めるには金がかかります。したがって幸福が快楽だとすれば、金持は幸福で貧乏人は不幸です。金がないばかりに満たせない快楽があるひとはみんな不幸です。ゆえに現代人の大半は不幸です。

けれども快楽が満たされるだけでは、人間は幸福を感じません。

その証拠にわたしたちの生活は、もうじゅうぶんに満たされています。ただそれを当然のこととして、幸福だと感じないだけです。夏は涼しく冬は暖かく、雨露がしのげて飢えを知りません。わたしたちの先祖が夢見た暮らしを、誰もが享受しているのです。それなのに、なぜ誰もが不幸なのか。

現代でいう幸福とは、他者との比較によって生じるものだからです。

ひとは美醜や学歴、金銭や物品の多寡によって幸福を感じます。自分の彼氏が美男なら幸福で、醜男《ぶおとこ》なら不幸です。自分はエルメスのバッグを持っていたら、他人が持っていないのは幸福で、その逆は不幸です。

しかもその状況は、刻一刻と変化します。

自分は大企業勤めで、友人は中小企業勤めなら幸福ですが、友人が一流企業に転職したら幸福でなくなります。自分も一流企業に入れば満足かといえば、今度は億万長者へ目がむいています。なにかを手に入れたとたん、次のなにかが欲しくなる。

つまり幸福になると同時に幸福ではなくなるので、心は常に満たされません。

この理屈で考えると、人間が最高に幸福な状態とは、なにもかも思いどおりになる世界になります。なにもかも思いどおりになる世界とは、快楽をことごとく満たす世界です。その世界では、すべての人間が自分の欲望を満たすために存在します。

他人は思いどおりにならないからこそ人間であり他人です。すべての人間が自分の欲望を受け入れるとしたら、それはもう人間ではなく、世界はマスターベーションのツールでしかありません。

そこにあるのは絶対的な孤独です。

無敵のキャラクターでゲームをしているようなもので、なんの制約もないかわり、なんのおもしろみもありません。幸福を追求すると孤独に陥る。もし孤独が不幸であるならば、世界を思いどおりにしてもなお人間は不幸です。

もっとも、そうした状態になるのは、ごく自然なことです。

光と影のように、この世はすべて相対的なものから成り立っています。

悪があるから善があり、戦争があるから平和がある。束縛されるから自由があり、不便があるから便利がある。憎しみがあるから愛情があり、不幸があるから幸福がある。

どちらか一方だけの世の中は成立しえないし、どちらか一方を手に入れれば、必ずもう一方がついてきます。

わたしたちが享受している効率的で便利な生活も、もとはといえば幸福のために進歩してきたはずです。ネットや携帯電話を例にあげると、外出先でも公衆電話を探す不便から解放され、あらゆる知識や情報が瞬時に入手でき、自宅に居ながら買物ができ、世界中のひとびととコミュニケーションがとれる。

そんなすばらしいツールがあるのに、人間関係はかつてないほど疎遠になり、ひとびとは孤立するばかりです。生活は効率的で便利になったはずなのに、そのぶんひまになるわけでもなく、現代人はますます多忙でプライベートな時間もありません。

ここで、幸福とは果たして快楽なのかという疑問が湧いてきます。

幸福とは快楽ではなく、なにかべつのものではないのか。

劇作家で評論家の福田恆存さんは、幸福についてこう書いています。

「唯一のあるべき幸福論は、幸福を獲得する方法を教へるものではなく、また幸福のすがたを描き、その図柄について語ることでもなく、不幸にたへる術を伝授するものであるはずだ」

幸福とはなんなのか、その答えをわたしは持ちません。

唯一はっきりしているのは幸福の正体がなんであれ、どこかで線をひかなければ、それはとめどなく膨張するということです。

その結果、目の前にある幸福も見えなくなります。先祖が夢見た楽園に暮らしていても、なんの感動もおぼえないのはそのせいです。

巨大に膨張した幸福は、相対的に巨大な不幸をもたらすでしょう。

だからといって、貧乏でも我慢しろというわけではありません。このまま貧乏で我慢したら、富裕層の思うつぼだという意見もあるでしょう。自分が納得できる生活をしたいと思うのは当然だし、みんながそれを目指すことで経済は発展してきました。

しかし美醜が生まれつきであるように、世の中は不平等にできています。

美しい者も醜い者も、みずからに与えられた運命を受け入れて人生を歩むしかありません。それは差別だと口を尖らせても、美醜を判断するのが人間である以上、結果はおなじです。ぱっと見は平等な世界があるとすれば、それをいうのがタブーになっただけです。

外見が美しいから得るものもあれば失うものもあり、その逆もしかりです。一流企業にも不幸な社員はいるし、ブラック企業にも幸福な社員はいるのです。

「人間が不幸なのは、自分が幸福なのを知らないからだ」

とドストエフスキーはいいました。

人生はそのはじまりから不平等なのに加えて、死ぬまで運に左右されます。

あなたもわたしもいまこの瞬間生きているのは、運でしかありません。事故や病気といった災厄に遭遇するかしないかは、偶然の積み重ね、すなわち運の良し悪しです。

たとえば交通事故が起きるプロセスを過去へさかのぼっていくと、撥ねた車も撥ねられた歩行者も、事故のその瞬間にむかって、寸分の狂いもなく行動しています。

ふたりのどちらかが、その朝、玄関をでるのが一歩遅かったら、歯を磨くのが一秒でも長かったら、なにごともなく平穏な日常をすごしていたのです。われわれが気づかないだけで、あらゆる災厄は忍び寄ったり遠ざかったりを繰りかえしています。

わが国の年間死亡者数は百万人を超えていますが、来年死亡する百万人はまだ生きています。そのなかには死の兆候があらわれているひともいれば、自分が来年じゅうに死ぬとは夢にも思わないひともいるでしょう。それどころか、いまはひともうらやむ億万長者で、あのひとは運がいいといわれているかもしれません。

老少不定《ろうしょうふじょう》というとおり、きょうも新聞やテレビを見れば、自分より若くて健康なひとが亡くなっています。いま生きているだけで、じゅうぶんに運がいいのです。

世間の価値観にひきずられて、みずからを不幸だと思うのは、それこそが不幸です。

誰しも大病を経験すれば、苦痛がないだけで幸福を感じます。

つまり幸福は自分の内側にあるのですから、世間の価値観を追いかけたところで、束の間しか満たされません。あなたにとっての幸福は、あなた自身が見いだすものです。

不安や不満は生きている限り尽きませんが、過去を悔やんでも未来を憂いても、現在は変わりません。現在を変えたいと願うなら、いまのあなたが変わるしかないのです。

誰もが転職を余儀なくされる時代、会社は通過点にすぎません。航海の途中で立ち寄った港であって、必要なものを手に入れたら旅立てばいい。むろん転職は勇気がいりますが、ひとつの職場にこだわらず、未知の世界へ踏みだすことで新たな道がひらけます。

あなたがこれからどこで働くにせよ、そこでの経験は必ず糧になります。

どんな会社も、あなたにとっての幸福を実現するための踏み台です。

逆境に負けない強さと、それをバネにするしたたかさがあれば、ブラック企業など恐れるに足りません。劣悪な労働環境であっても、そこからなにかを学び、次の職場に活かすでしょう。こんな会社で働いていたと数年後には笑い話にできるでしょう。

本書がほんのわずかでも、そんな一助になれば望外の喜びです。わたしのつたない話に最後までおつきあいいただきまして、誠にありがとうございました。

あなたの今後のご活躍を心よりお祈り申しあげます。

参考文献

「世界の99%を貧困にする経済」ジョセフ・E・スティグリッツ
（楡井浩一・峯村利哉 訳）／二〇一二／徳間書店
「夜と霧 新版」ヴィクトール・E・フランクル
（池田香代子 訳）／二〇〇二／みすず書房
「本田宗一郎 夢を力に～私の履歴書」本田宗一郎／二〇〇一／日経ビジネス人文庫
「ブラック企業 日本を食いつぶす妖怪」今野晴貴／二〇一二／文春新書
「日本への遺言　福田恆存語録」福田恆存
（中村保男・谷田貝常夫 編）／一九九八／文春文庫
「アダム・スミス『道徳感情論』と『国富論』の世界」堂目卓生／二〇〇八／中公新書
「社会認識の歩み」内田義彦／一九七一／岩波新書
「マルクスる？　世界一簡単なマルクス経済学の本」木暮太一／二〇一〇／マトマ出版
「資本論（3）」カール・マルクス（岡崎次郎 訳）／二〇〇〇／大月書店
「ルポ 最底辺――不安定就労と野宿」生田武志／二〇〇七／ちくま新書

幻冬舎新書 328

もうブラック企業しか入れない

会社に殺されないための発想

二〇一三年十一月三十日 第一刷発行

著者 福澤徹三

発行人 見城 徹

編集人 志儀保博

発行所 株式会社 幻冬舎

〒一五一-〇〇五一 東京都渋谷区千駄ヶ谷四-九-七
電話 〇三-五四一一-六二一一(編集)
〇三-五四一一-六二二二(営業)
振替 〇〇一二〇-八-七六七六四三

ブックデザイン 鈴木成一デザイン室

印刷・製本所 中央精版印刷株式会社

Printed in Japan ISBN978-4-344-98329-8 C0295
ふ-1-2

幻冬舎ホームページアドレス http://www.gentosha.co.jp/
*この本に関するご意見・ご感想をメールでお寄せいただく場合は、comment@gentosha.co.jp まで。